Ausführliches Verzeichniß der

Guttentag'schen Sammlung

Deutscher Reichs- und Preußischer Gesetze

Text-Ausgaben mit Anmerkungen — Taschenformat,

welches alle wichtigeren Gesetze in absolut zuverlässigen Gesetzestexten und in mustergiltiger Weise erläutert enthält, befindet sich hinter dem Sachregister.

Militärstrafgerichtsordnung

und

Militär-Strafgesetzbuch

für das Deutsche Reich.

Text-Ausgabe mit Sachregister.

Berlin 1901.
J. Guttentag, Verlagsbuchhandlung,
G. m. b. H.

Militärstrafgerichtsordnung

für das Deutsche Reich,

nebst

Einführungsgesetz

und

Gesetz, betreffend die

Dienstvergehen der richterlichen Militärjustizbeamten und die unfreiwillige Versetzung derselben in eine andere Stelle oder in den Ruhestand.

Vom 1. Dezember 1898.

Text-Ausgabe mit Sachregister.

Zweite Auflage.

Berlin 1901.

J. Guttentag, Verlagsbuchhandlung,

G. m. b. H.

Inhaltsübersicht.

I. Militärstrafgerichtsordnung.

I.

Militärstrafgerichtsordnung.

Erster Theil.

Gerichtsverfassung.

Erster Titel.

Umfang der Militärstrafgerichtsbarkeit.

§. 1. Der Militärstrafgerichtsbarkeit sind, soweit nicht die folgenden Paragraphen ein Anderes bestimmen, wegen aller strafbaren Handlungen unterstellt:

1. die Militärpersonen des aktiven Heeres und der aktiven Marine;
2. die zur Disposition gestellten Offiziere, Sanitätsoffiziere und Ingenieure des Soldatenstandes;
3. die Studirenden der Kaiser Wilhelms-Akademie für das militärärztliche Bildungswesen;
4. die Schiffsjungen, so lange sie eingeschifft sind;
5. die in militärischen Anstalten versorgten invaliden Offiziere und Mannschaften;
6. die nicht zum Soldatenstande gehörigen Offiziere à la suite und Sanitätsoffiziere à la suite, wenn und solange sie zu vorübergehender Dienstleistung zugelassen sind;

7. die verabschiedeten Offiziere, Sanitätsoffiziere und Ingenieure des Soldatenstandes, wenn und solange sie als solche oder als Militärbeamte im aktiven Heere oder in der aktiven Marine vorübergehend wieder Verwendung finden;
8. die in den §§. 155, 157, 158, 166 des Militärstrafgesetzbuchs bezeichneten Personen, so lange sie den Militärstrafgesetzen unterworfen sind.

2. Den bürgerlichen Behörden bleibt die Untersuchung und Entscheidung wegen Zuwiderhandlungen gegen Finanz- und Polizeigesetze, Jagd- und Fischereigesetze, sowie gegen Verordnungen dieses Inhalts überlassen, wenn die Handlung nur mit Geldstrafe und Einziehung oder mit einer dieser Strafen bedroht ist. Der Vollzug der an die Stelle der Geldstrafe tretenden Freiheitsstrafe ist mittels Ersuchens der Militärbehörde zu bewirken. War die Geldstrafe wegen Zuwiderhandlung gegen die Vorschriften über die Erhebung öffentlicher Abgaben und Gefälle durch Strafbescheid der Verwaltungsbehörde festgesetzt, so erfolgt die Umwandlung in eine Freiheitsstrafe durch den zuständigen Gerichtsherrn nach Maßgabe des §. 463.

3. Der bürgerlichen Strafgerichtsbarkeit unterliegen die Militärpersonen des aktiven Heeres und der aktiven Marine, sofern sie nicht dem Offizierstand angehören, wegen Amtsverbrechen oder Amtsvergehen, welche sie bei einstweiliger Verwendung im Civildienste des Reichs, eines Bundesstaats oder einer Kommune begangen haben.

In diesen Fällen greift die Militärstrafgerichtsbarkeit Platz, wenn mit der Handlung eine Zuwiderhandlung gegen die Militärstrafgesetze zusammentrifft.

4. Haben sich bei einer Zuwiderhandlung gegen die allgemeinen Strafgesetze mehrere Personen, von welchen die eine der militärischen, die andere der bürgerlichen Gerichtsbarkeit unterstellt ist, als Thäter, Theilnehmer, Begünstiger oder Hehler betheiligt, oder sind zwischen solchen einer verschiedenen Gerichtsbarkeit unterstellten Personen wechselseitige Beleidigungen oder Körperverletzungen vorgekommen, so kann die betheiligte Militärperson dem bürgerlichen Gerichte zur Untersuchung und Aburtheilung des Falles übergeben werden.

5. Der Militärstrafgerichtsbarkeit sind ferner unterstellt:

1. die Personen des Beurlaubtenstandes und die denselben gesetzlich gleichstehenden Personen wegen Zuwiderhandlungen gegen die auf sie Anwendung findenden Vorschriften der Militärstrafgesetze;
2. die dem Beurlaubtenstand angehörenden Offiziere Sanitätsoffiziere und Ingenieure des Soldatenstandes wegen Zweikampfs mit tödtlichen Waffen, wegen Herausforderung oder Annahme einer Herausforderung zu einem solchen Zweikampf und wegen Kartelltragens;
3. die im §. 1 Nr. 6 bezeichneten Personen, auch wenn sie nicht zur Dienstleistung zugelassen sind, wegen der in der Militäruniform begangenen Zuwiderhandlungen gegen die militärische Unterordnung;

4. **Ausländer und Deutsche wegen der in den §§. 160, 161 des Militärstrafgesetzbuchs bezeichneten strafbaren Handlungen.**

6. Die Militärpersonen des aktiven Heeres und der aktiven Marine sind, soweit nicht die folgenden Paragraphen ein Anderes bestimmen, auch wegen der vor dem Diensteintritte begangenen strafbaren Handlungen der Militärstrafgerichtsbarkeit unterstellt.

7. Die zur Erfüllung ihrer gesetzlichen oder freiwillig übernommenen Dienstpflicht in das Heer oder in die Marine eingestellten Militärpersonen treten wegen einer vor dem Diensteintritte begangenenen Zuwiderhandlung gegen die allgemeinen Strafgesetze nicht unter die Militärstrafgerichtsbarkeit:

1. wenn vor dem Diensteintritte wegen der Zuwiderhandlung ein verurtheilendes oder freisprechendes Urtheil ergangen oder ein Strafbefehl zugestellt war,
2. wenn die Entlassung aus dem aktiven Dienste erfolgt; die Entlassung findet statt, wenn eine Verurtheilung zu einer Freiheitsstrafe von mehr als sechs Wochen oder im Falle der Verurtheilung zu einer Geldstrafe die Vollstreckung einer an Stelle derselben tretenden Freiheitsstrafe von gleicher Dauer zu erwarten ist.

War vor dem Diensteintritte die Eröffnung des Hauptverfahrens bereits beschlossen, so muß, sofern die Entlassung nicht erfolgt, in der Sache militärgerichtlich erkannt werden.

8. Die Bestimmungen des §. 7 finden auf die bis zur Entscheidung über ihr ferneres Militärverhältniß zur Disposition der Ersatzbehörden entlassenen und später von Neuem für den aktiven Dienst ausgehobenen Mannschaften wegen der vor der Wiedereinziehung begangenen Zuwiderhandlungen gegen die allgemeinen Strafgesetze entsprechende Anwendung.

9. Die zum Dienste einberufenen Personen des Beurlaubtenstandes und die denselben gesetzlich gleichstehenden Personen treten wegen der Zuwiderhandlungen, die sie vor dem Tage, zu welchem sie einberufen sind, gegen die allgemeinen Strafgesetze begangen haben, nicht unter die Militärstrafgerichtsbarkeit. Während der Dauer der Dienstleistung darf jedoch ohne Zustimmung der Militärbehörden die Untersuchungshaft nicht verfügt, auch eine Hauptverhandlung nur abgehalten werden, wenn der Angeklagte von der Verpflichtung, in derselben zu erscheinen, entbunden ist.

Wegen einer während der Dienstleistung begangenen strafbaren Handlung können die im Absatz 1 bezeichneten Personen den bürgerlichen Gerichten übergeben werden, sofern lediglich eine Zuwiderhandlung gegen die allgemeinen Strafgesetze in Frage steht.

10. Durch die Beendigung des die Militärstrafgerichtsbarkeit begründenden Verhältnisses wird hinsichtlich der vorher begangenen strafbaren Handlungen die Zuständigkeit der Militärgerichte nicht aufgehoben.

Sie hört jedoch auf in Ansehung solcher gegen die allgemeinen Strafgesetze begangenen Zuwiderhandlungen, welche mit einem militärischen Verbrechen oder Vergehen nicht zusammentreffen, es sei denn, daß bereits die Anklage erhoben (vgl. §. 258) oder eine Strafverfügung des Gerichtsherrn (vgl. §. 349) zugestellt war.

11. Macht sich eine der im §. 1 Nr. 1 bezeichneten Personen innerhalb eines Jahres nach Beendigung des die Militärstrafgerichtsbarkeit begründenden Verhältnisses wegen der ihr während der Dienstzeit widerfahrenen Behandlung einer Beleidigung, Körperverletzung oder Herausforderung zum Zweikampfe gegenüber einem früheren militärischen, noch im aktiven Dienst befindlichen Vorgesetzten schuldig, so ist wegen dieser strafbaren Handlungen und, wenn der Zweikampf stattgefunden hat, auch dieserhalb die Militärstrafgerichtsbarkeit begründet.

Wegen Beleidigung ist die Militärstrafgerichtsbarkeit nur dann begründet, wenn sie im Verkehr mit dem früheren Vorgesetzten oder mit einer Militärbehörde begangen worden ist.

Zweiter Titel.

Ausübung der Militärstrafgerichtsbarkeit.

Erster Abschnitt.

Allgemeine Bestimmungen.

12. Die Militärstrafgerichtsbarkeit wird durch die Gerichtsherren und durch die erkennenden Gerichte ausgeübt.

13. Gerichtsherren im Sinne dieses Gesetzes sind die Befehlshaber, welchen die niedere oder die höhere Gerichtsbarkeit nach Maßgabe dieses Gesetzes zusteht.

Den Gerichtsherren der niederen Gerichtsbarkeit stehen Gerichtsoffiziere zur Seite.

Den Gerichtsherren der höheren Gerichtsbarkeit wird die erforderliche Zahl von richterlichen Militärjustizbeamten (Kriegsgerichtsräthe, Oberkriegsgerichtsräthe) zugeordnet.

14. Die niedere Gerichtsbarkeit erstreckt sich nur auf Personen, welche nicht Offizierrang haben.

15. Die niedere Gerichtsbarkeit umfaßt:

1. die nur mit Arrest bedrohten militärischen Vergehen;
2. die Uebertretungen.

Der höheren Gerichtsbarkeit bleiben jedoch diejenigen Fälle vorbehalten, in denen die Verhängung einer Ehrenstrafe zu erwarten steht.

Im Felde und an Bord findet die Bestimmung des Absatzes 2 hinsichtlich der Versetzung in die zweite Klasse des Soldatenstandes keine Anwendung.

16. Der niederen Gerichtsbarkeit bleiben außerdem überlassen, sofern nach dem Ermessen des Gerichtsherrn neben einer etwaigen Einziehung keine höhere Strafe als Freiheitsstrafe bis zu sechs Wochen oder Geldstrafe bis zu einhundertfünfzig Mark, allein oder in Verbindung miteinander, zu erwarten steht:

1. die Vergehen gegen die §§. 64, 65, 89, 91 Absatz 1, §§. 93, 94, 102, 121 Absatz 1, §§. 137, 151 des Militärstrafgesetzbuchs,

   im Felde und an Bord alle militärischen Vergehen, bei denen Arreststrafe auch ohne Feststellung eines minder schweren Falles zulässig ist;

2. die in dem Borgen von Geld oder in der Annahme von Geschenken ohne Vorwissen des gemeinschaftlichen Vorgesetzten bestehenden Vergehen gegen §. 114 des Militärstrafgesetzbuchs;
3. die Vergehen gegen die §§. 123, 185, 223, 230, 241, 291, 298, 303 des bürgerlichen Strafgesetzbuchs, im Felde und an Bord außerdem die Vergehen gegen die §§. 113, 242, 246, 292, 293, 296, 299, 304 desselben Strafgesetzbuchs;
4. die Zuwiderhandlungen gegen die §§. 81, 83, 84, 86 der Seemannsordnung vom 27. Dezember 1872;
5. die Zuwiderhandlungen gegen die Forst- und Feldpolizeigesetze, sowie gegen die Holz- (Forst-) Diebstahlsgesetze.

Die Bestimmungen des §. 15 Absatz 2 und 3 finden Anwendung.

17. Die höhere Gerichtsbarkeit erstreckt sich auf alle unter Militärstrafgerichtsbarkeit stehende Personen und umfaßt alle strafbaren Handlungen.

18. Die erkennenden Gerichte sind unabhängig und nur dem Gesetz unterworfen.

Die erkennenden Gerichte sind die Standgerichte, die Kriegsgerichte, die Oberkriegsgerichte und das Reichsmilitärgericht.

Die Standgerichte, die Kriegsgerichte und die Oberkriegsgerichte treten nur auf Berufung des Gerichtsherrn und nur für den einzelnen Fall zusammen.

Ist der Angeklagte ein General, so erfolgt die Berufung durch den zuständigen Kontingentsherrn, im Felde durch den Kaiser. Hinsichtlich der Admirale, sowie der Generale der Marine erfolgt die Berufung stets durch den Kaiser.

Zweiter Abschnitt.

Gerichtsherr.

19. Gerichtsherren der niederen Gerichtsbarkeit sind:

1. im Heere:

der Regimentskommandeur,
der Kommandeur eines selbständigen Bataillons,
der Kommandeur eines Landwehrbezirks,
der Kommandant von Berlin,
der Kommandant einer kleinen Festung;

2. in der Marine:

der Kommandeur einer Matrosen- oder Werft-Division,
der Kommandeur eines selbständigen Bataillons oder einer selbständigen Abtheilung.

20. Gerichtsherren der höheren Gerichtsbarkeit sind:

1. im Heere:

der kommandirende General,
der Divisionskommandeur,
der Gouverneur von Berlin,
der Gouverneur oder Kommandant einer großen Festung, sowie
der Gouverneur, Kommandant oder sonstige Befehlshaber eines in Kriegszustand (Belagerungszustand) erklärten Ortes oder Distrikts;

2. in der Marine:
der kommandirende Admiral,
der Chef einer heimischen Marinestation.

21. Hinsichtlich der Generale, welche nicht unter dem Befehl eines Divisionskommandeurs oder eines anderen dem kommandirenden General unterstellten Gerichtsherrn stehen, bestimmt der zuständige Kontingentsherr, im Felde der Kaiser, diejenigen Befehlshaber, welche die gerichtsherrlichen Befugnisse in erster oder höherer Instanz auszuüben haben. Hinsichtlich der Admirale sowie der Generale der Marine erfolgt diese Bestimmung in den entsprechenden Stellen stets durch den Kaiser.

22. Hat eine Festung mehrere Kommandanten, so steht die höhere Gerichtsbarkeit dem ersten Kommandanten (Gouverneur), die niedere Gerichtsbarkeit dem zweiten Kommandanten zu

23. Im Verhinderungsfalle gehen die Befugnisse des Gerichtsherrn auf den Stellvertreter im Kommando über. Diese Bestimmung findet in den Fällen des §. 21 keine Anwendung.

24. Der höhere Gerichtsherr ist befugt, den ihm untergebenen Gerichtsherrn anzuweisen, eine Untersuchung einzuleiten oder fortzusetzen, sowie ein Rechtsmittel einzulegen oder zurückzunehmen. Im Uebrigen darf er in den Gang einer eingeleiteten Untersuchung nicht eingreifen.

25. Der Gerichtsherr hat die Gerichtsbarkeit über die zu seinem Befehlsbereiche gehörenden Personen.

26. Der Gouverneur und der Kommandant von Berlin, sowie die Gouverneure und Kommandanten von Festungen haben innerhalb der im §. 19 Nr. 1, §. 20 Nr. 1, §. 22 bestimmten Grenzen die Gerichtsbarkeit über alle unter Militärstrafgerichtsbarkeit stehende Personen, welche

1. eine strafbare Handlung gegen die allgemeine Sicherheit, Ruhe und Ordnung des Ortes,
2. eine Zuwiderhandlung gegen eine besondere in Beziehung auf die Festungswerke und Vertheidigungsmittel bestehende Anordnung,
3. eine strafbare Handlung im Garnisondienste begehen.

27. Der Gouverneur, Kommandant oder sonstige Befehlshaber eines in Kriegszustand (Belagerungszustand) erklärten Ortes oder Distrikts hat die Gerichtsbarkeit (§. 20) über alle zur Besatzung gehörende Militärpersonen.

28. Detachirte Theile eines militärischen Verbandes können für die Dauer der Detachirung der Gerichtsbarkeit eines anderen Gerichtsherrn unterstellt werden.

29. Einem militärischen Verbande vorübergehend überwiesene Personen sind für die Dauer der Ueberweisung hinsichtlich der Gerichtsbarkeit dem Gerichtsherrn dieses Verbandes unterstellt.

30. Unter Militärstrafgerichtsbarkeit stehende Personen, für welche ein Gerichtsherr nicht ausdrücklich bestimmt ist, sind der Gerichtsbarkeit des Divisionskommandeurs unterstellt, in dessen Bezirke sie sich befinden oder

die That verübt haben. In Berlin, sowie in Festungen tritt die Zuständigkeit der Gouverneure oder Kommandanten, im Bereiche der heimischen Marinestationen die der Chefs dieser Stationen ein.

Unter mehreren zuständigen Gerichtsherren hat derjenige den Vorzug, welcher den Beschuldigten verhaftet oder zuerst das Ermittelungsverfahren angeordnet hat.

31. Von dem kommandirenden General (Admiral) wird, abgesehen von dem Verfahren im Felde und an Bord (§§. 419 bis 485), sowie vorbehaltlich der Bestimmung des §. 21, die Gerichtsbarkeit nur in der Rechtsbeschwerde- oder Berufungsinstanz ausgeübt. Militärische Verbände und einzelne Militärpersonen, welche unmittelbar unter dem Befehle des kommandirenden Generals (Admirals) stehen, sind, soweit dies hiernach erforderlich, hinsichtlich der Strafverfolgung einem anderen Gerichtsherrn zu unterstellen.

Diese Bestimmungen finden auf die sonstigen Gerichtsherren der höheren Gerichtsbarkeit hinsichtlich der zur Zuständigkeit der Standgerichte gehörigen Sachen entsprechende Anwendung. Das Gleiche gilt in den Fällen des §. 30.

Die Unterstellung erfolgt in den Fällen des ersten Absatzes durch den kommandirenden General (Admiral), in den Fällen des zweiten Absatzes, wenn der höhere Gerichtsherr ein Divisionskommandeur oder ein Marinestationschef ist, durch diesen, im Uebrigen, soweit nicht dieses Gesetz Bestimmung getroffen hat (§. 22), durch die Militärjustizverwaltung.

32. Stehen Strafsachen dadurch im Zusammenhange, daß eine Person mehrerer strafbarer Handlungen beschuldigt wird, von denen eine der höheren, eine andere der niederen Gerichtsbarkeit unterliegt, so kann der höhere Gerichtsherr auch diese an sich ziehen.

Ist wegen einer der strafbaren Handlungen bereits die Anklage erhoben oder eine Strafverfügung zugestellt, so kann die Verbindung nur durch Beschluß des gemeinsamen oberen Gerichts auf Antrag eines der zuständigen Gerichtsherren erfolgen.

In gleicher Weise kann die Verbindung wieder aufgehoben werden.

33. Wird eine Person mehrerer strafbarer Handlungen beschuldigt, welche theils zur Zuständigkeit eines mit der höheren Gerichtsbarkeit versehenen Gouverneurs oder Kommandanten, theils zur Zuständigkeit eines anderen Gerichtsherrn gehören, so steht die Strafverfolgung hinsichtlich sämmtlicher strafbarer Handlungen demjenigen Gerichtsherrn zu, welcher für die schwerere Strafthat zuständig ist. Maßgebend in dieser Beziehung ist die angedrohte Strafart, bei Strafen gleicher Art das höchste zulässige Maß derselben. Bei sich gleichstehenden Strafandrohungen haben die dem Beschuldigten vorgesetzten Gerichtsherren den Vorzug.

Die Bestimmungen des §. 32 Absatz 2 und 3 finden Anwendung.

Gehören Strafsachen der niederen Gerichtsbarkeit theils zur Zuständigkeit eines nur mit niederer Gerichtsbarkeit versehenen Kommandanten, theils zur Zuständigkeit eines anderen Gerichtsherrn, so steht dem Erstgenannten die Strafverfolgung hinsichtlich sämmtlicher strafbarer Handlungen zu.

34. Sind bei einer strafbaren Handlung mehrere Personen als Thäter, Theilnehmer, Begünstiger oder Hehler beschuldigt und stehen die Beschuldigten unter der Gerichtsbarkeit verschiedener Gerichtsherren, so kann der Gerichtsherr, welcher der gemeinschaftliche Vorgesetzte ist, die Verbindung der Strafsachen und ihre gemeinsame Verfolgung anordnen.

Ist ein gemeinschaftlicher höherer Gerichtsherr nicht vorhanden, so haben die betreffenden kommandirenden Generale, und wenn einer der Beschuldigten der Marine angehört, der kommandirende General und der kommandirende Admiral darüber sich zu verständigen, welcher Gerichtsherr die Strafverfolgung zu übernehmen hat. Findet hierüber eine Einigung nicht statt, so steht, sofern die betheiligten kommandirenden Generale derselben Militärverwaltung angehören, die Entscheidung dem zuständigen Kontingentsherrn, anderenfalls dem Kaiser zu. Der Gouverneur von Berlin steht in dieser Beziehung einem kommandirenden General gleich.

Ist gegen einen Beschuldigten die Anklage bereits erhoben, oder ist ihm eine Strafverfügung bereits zugestellt, so kann die Verbindung nur durch Beschluß des gemeinsamen oberen Gerichts auf Antrag eines der zuständigen Gerichtsherren erfolgen.

In gleicher Weise kann die Verbindung wieder aufgehoben werden.

35. Die Bestimmungen des §. 34 finden bei strafbaren Handlungen, welche nach ihrem gesetzlichen Thatbestande das Zusammenwirken Mehrerer voraussetzen, entsprechende Anwendung.

36. Bestehen zwischen mehreren Gerichtsherren Zweifel darüber, welcher der zuständige ist, so entscheidet der ihnen gemeinsam vorgesetzte Gerichtsherr und in Ermangelung eines solchen das gemeinsame obere Gericht.

37. Im Verordnungswege kann, soweit besondere Verhältnisse es erfordern, die Gerichtsbarkeit der in den §§. 19, 20, 22 bezeichneten Befehlshaber auf bestimmte Truppentheile oder Militärverbände eingeschränkt oder ausgedehnt, sowie auch anderen Befehlshabern Gerichtsbarkeit verliehen werden.

Dritter Abschnitt.

Erkennende Gerichte.

I. Standgerichte.

38. Die Standgerichte bestehen aus drei Richtern, und zwar aus

einem Stabsoffizier als Vorsitzenden,
einem Hauptmann (Rittmeister, Kapitänlieutenant) als erstem Beisitzer und
einem Premierlieutenant (Lieutenant zur See) als zweitem Beisitzer.

39. Sind Offiziere der vorgeschriebenen Dienstgrade nicht vorhanden oder sind die vorhandenen sämmtlich an der Ausübung des Richteramts verhindert, so kann an

die Stelle des fehlenden Offiziers ein Offizier des nächstniederen oder des nächsthöheren Dienstgrades treten.

40. Als Richter kann nur mitwirken, wer seit mindestens einem Jahre dem Heere oder der Marine angehört.

41. Der Vorsitzende und die Beisitzer werden vom Gerichtsherrn alljährlich vor dem Beginne des Geschäftsjahrs für die Dauer desselben als ständige Richter bestellt. Für die gleiche Dauer sind ständige Stellvertreter zu bezeichnen.

42. Die Richter und deren Stellvertreter werden beim Antritte des Richteramts durch den Gerichtsherrn beeidigt.

Die Eidesformel lautet:

„Ich schwöre bei Gott dem Allmächtigen und Allwissenden, die Pflichten eines Richters getreulich zu erfüllen. So wahr mir Gott helfe."

Dem Schwörenden ist gestattet, den Schlußworten der Eidesformel eine seinem Glaubensbekenntniß entsprechende Bekräftigungsformel hinzuzufügen.

Ueber die erfolgte Beeidigung ist ein Protokoll aufzunehmen.

43. Scheidet im Laufe des Geschäftsjahrs einer der Richter oder Stellvertreter aus, oder ist er an der Ausübung des Richteramts dauernd verhindert, so ist erforderlichen Falles für den Rest des Geschäftsjahrs ein anderer Offizier als Richter zu bestellen.

Im Falle gleichzeitiger Verhinderung eines Richters und dessen Stellvertreters kann ein Offizier des entsprechenden Dienstgrades für den einzelnen Fall als Richter berufen werden.

44. Im Felde und an Bord erfolgt die Berufung sämmtlicher Richter für den einzelnen Fall. Die Bestimmung des §. 40 findet keine Anwendung.

An Bord kann im Bedürfnißfall als zweiter Beisitzer ein Mitglied des Sanitäts-Offizierkorps oder Maschineningenieurkorps oder ein Deckoffizier berufen werden.

45. Die Standgerichte sind zuständig für die Strafsachen der niederen Gerichtsbarkeit (§§. 15, 16).

46. Vor die Standgerichte gehören auch diejenigen Strafsachen, deren Verhandlung und Entscheidung ihnen in Folge der Bestimmungen des §. 68 zufällt.

47. Das Standgericht darf neben einer etwa auszusprechenden Einziehung auf keine andere und keine höhere Strafe als auf Freiheitsstrafe nicht über sechs Wochen und auf Geldstrafe nicht über einhundertfünfzig Mark, im Felde und an Bord neben Einziehung und Versetzung in die zweite Klasse des Soldatenstandes auf Freiheitsstrafe nicht über drei Monate und Geldstrafe nicht über dreihundert Mark, allein oder in Verbindung mit einander, erkennen.

Auch im Falle des Zusammentreffens mehrerer strafbarer Handlungen (§§. 74, 77 des bürgerlichen Strafgesetzbuchs, §. 54 des Militärstrafgesetzbuchs) dürfen die verschiedenen Freiheitsstrafen zusammen die im Absatz 1 bestimmte Zeitdauer nicht überschreiten.

48. **Die Standgerichte, welche im Felde zusammentreten, heißen Feldstandgerichte.**

Die Standgerichte, welche an Bord zusammentreten, heißen Bordstandgerichte.

II. Kriegsgerichte.

49. Die Kriegsgerichte bestehen aus fünf Richtern, und zwar aus

einem Kriegsgerichtsrathe (§. 13 Absatz 3) und vier Offizieren.

50. Außer dem Kriegsgerichtsrathe sind als Richter zu berufen:

1. wenn der Angeklagte ein Gemeiner oder Unteroffizier ist:
   ein Major, ein Hauptmann (Rittmeister) und zwei Premierlieutenants;
2. wenn der Angeklagte ein Subalternoffizier oder ein Hauptmann (Rittmeister) ist:
   ein Oberstlieutenant, ein Major, ein Hauptmann (Rittmeister) und ein Premierlieutenant;
3. wenn der Angeklagte ein Major ist:
   ein Oberst, zwei Oberstlieutenants oder Majors und ein Hauptmann (Rittmeister);
4. wenn der Angeklagte ein Oberstlieutenant ist:
   ein Generalmajor, ein Oberst, ein Oberstlieutenant und ein Major;
5. wenn der Angeklagte ein Oberst ist:
   ein Generalmajor, zwei Obersten und ein Oberstlieutenant;

6. wenn der Angeklagte ein Generalmajor ist:
   ein Generallieutenant, zwei Generalmajors und ein Oberst;
7. wenn der Angeklagte ein Generallieutenant ist:
   ein General, zwei Generallieutenants und ein Generalmajor;
8. wenn der Angeklagte ein General oder ein im höheren Range stehender Offizier ist:
   zwei Generale und zwei Generallieutenants.

51. Die Kriegsgerichte werden zusammengesetzt aus:
zwei Kriegsgerichtsräthen und
drei Offizieren,

wenn der Gerichtsherr nach den Umständen des Falles annimmt, daß auf Todesstrafe oder auf Freiheitsstrafe von mehr als sechs Monaten zu erkennen sei.

Als Richter sind außer den Kriegsgerichtsräthen zu berufen:

1. wenn der Angeklagte ein Gemeiner oder Unteroffizier ist:
   ein Major, ein Hauptmann (Rittmeister) und ein Premierlieutenant;
2. wenn der Angeklagte ein Subalternoffizier oder ein Hauptmann (Rittmeister) ist:
   ein Oberstlieutenant, ein Major und ein Hauptmann (Rittmeister);
3. wenn der Angeklagte ein Major ist:
   ein Oberst, zwei Oberstlieutenants oder Majors;
4. wenn der Angeklagte ein Oberstlieutenant ist:

ein Generalmajor, ein Oberst und ein Oberstlieutenant;

5. wenn der Angeklagte ein Oberst ist:
ein Generalmajor und zwei Obersten;

6. wenn der Angeklagte ein Generalmajor ist:
ein Generallieutenant und zwei Generalmajors;

7. wenn der Angeklagte ein Generallieutenant ist:
ein General und zwei Generallieutenants;

8. wenn der Angeklagte ein General oder ein im höheren Range stehender Offizier ist:
zwei Generale und ein Generallieutenant.

52. Ist das Gericht gemäß §. 49 besetzt und erscheint nach dem Ergebnisse der Hauptverhandlung eine die Dauer von sechs Monaten übersteigende Strafe verwirkt, so kann das Gericht auf Freiheitsstrafe bis zu einem Jahre erkennen.

Erachtet das Gericht eine höhere Strafe für verwirkt, so hat es die Hauptverhandlung abzubrechen und die Berufung eines der Vorschrift des §. 51 entsprechenden Gerichts herbeizuführen.

53. In den Fällen der Nr. 1 bis 5 der §§. 50, 51 erfolgt die Berufung der Offiziere nach einer vom Gerichtsherrn alljährlich vor dem Beginne des Geschäftsjahrs für die Dauer desselben festzustellenden Reihenfolge, von der nur aus dringenden Gründen abgewichen werden darf.

54. Hinsichtlich der Bildung der Kriegsgerichte stehen den in den §§. 50, 51 bezeichneten Dienstgraden die entsprechenden Dienstgrade der Marine gleich. Ein Kor-

vettenkapitän steht einem Major oder einem Oberstlieutenant gleich.

55. Ist der Angeklagte ein Sanitätsoffizier oder ein Ingenieur des Soldatenstandes oder ein Militärbeamter, so erfolgt die Bildung des Kriegsgerichts unter Berücksichtigung des Ranges des Angeklagten nach Maßgabe des §. 50. Es sind jedoch dem Range des Angeklagten entsprechend, in den Fällen des §. 50 an Stelle der zwei Offiziere des niedrigsten Dienstgrades zwei Sanitätsoffiziere, zwei Ingenieure des Soldatenstandes oder zwei obere Militärbeamte und in den Fällen des §. 51 an Stelle des Offiziers des niedrigsten Dienstgrades ein Sanitätsoffizier, ein Ingenieur des Soldatenstandes oder ein oberer Militärbeamter als Richter zu berufen.

56. Sind Personen, welche verschiedenen der im §. 55 bezeichneten Dienststellungen angehören, oder ist eine dieser Personen mit einem der in den §§. 50, 51 bezeichneten Angeklagten gemeinschaftlich abzuurtheilen, so findet bei der Bildung des Kriegsgerichts eine Abweichung von den vorstehenden Bestimmungen nur insofern statt, als in den Fällen des §. 50 an Stelle des Offiziers des niedrigsten Dienstgrades ein zweiter Kriegsgerichtsrath zu berufen ist.

57. Ist der Angeklagte eine Civilperson, so erfolgt die Bildung des Kriegsgerichts nach Maßgabe der §§. 50 Nr. 1, 51 Nr. 1.

Wird eine Civilperson zugleich mit einer Militärperson angeklagt, so erfolgt die Bildung des Kriegsgerichts lediglich mit Rücksicht auf die letztere.

Bei kriegsgefangenen Offizieren soll das militärische Rangverhältniß thunlichst berücksichtigt werden.

58. Richtet sich die Hauptverhandlung gegen mehrere Angeklagte verschiedenen Ranges, so ist, unbeschadet der Bestimmung des §. 56, für die Besetzung des Kriegsgerichts der Dienstgrad des höchsten unter den Mitangeklagten maßgebend.

59. Im Felde und an Bord können die Sanitätsoffiziere, die Ingenieure des Soldatenstandes und die oberen Militärbeamten (§§. 55, 56), im Bedürfnißfalle durch Offiziere ersetzt werden.

60. Auf die aus dem Offizierstande zu berufenden Richter bei den Kriegsgerichten finden die Bestimmungen der §§. 39, 40 Anwendung.

61. In der Hauptverhandlung hat der rangälteste Offizier den Vorsitz; der dienstälteste Kriegsgerichtsrath führt die Verhandlungen.

62. Die Kriegsgerichte sind, abgesehen von den ihnen durch anderweite Bestimmungen dieses Gesetzes zugewiesenen Entscheidungen und Geschäften, zuständig:

1. für die Verhandlung und Entscheidung in erster Instanz in den nicht zur Zuständigkeit der Standgerichte gehörigen Strafsachen;
2. für die Verhandlung und Entscheidung über das Rechtsmittel der Berufung gegen die Urtheile der Standgerichte.

63. Im Felde und an Bord kann der Gerichtsherr

1. wegen der Vergehen gegen die §§. 113, 114. 117

Absatz 1, §§. 120, 128, 134, 135, 136, 138, 185, 189, 228, 223a, 230, 241, 242, 246, 257, 258 Nr. 1, §§. 259, 263, 291, 292, 293, 296, 298, 299, 303, 304, 327 Absatz 1, §. 328 Absatz 1 des bürgerlichen Strafgesetzbuchs,

2. wegen der Vergehen gegen §. 138 Absatz 1 des Militärstrafgesetzbuchs,
3. wegen der Vergehen gegen die §§. 81, 83, 84, 86 der Seemannsordnung vom 27. Dezember 1872

die Verfolgung dem Gerichtsherrn der niederen Gerichtsbarkeit überweisen, wenn er nach den Umständen des Falles annimmt, daß neben Einziehung oder Versetzung in die zweite Klasse des Soldatenstandes auf keine andere und keine höhere Strafe als Freiheitsstrafe von drei Monaten oder Geldstrafe von sechshundert Mark, allein oder neben Haft oder in Verbindung miteinander, zu erkennen sein werde.

64. Die Kriegsgerichte, welche im Felde zusammentreten, heißen Feldkriegsgerichte.

Die Kriegsgerichte, welche an Bord zusammentreten, heißen Bordkriegsgerichte.

III. Oberkriegsgerichte.

65. Die Oberkriegsgerichte sind, abgesehen von den ihnen durch anderweite Bestimmungen dieses Gesetzes zugewiesenen Entscheidungen und Geschäften, zuständig: für die Verhandlung und Entscheidung über das Rechtsmittel der Berufung gegen die Urtheile der Kriegsgerichte in erster Instanz.

Die Oberkriegsgerichte werden bei den Generalkommandos und bei dem Oberkommando der Marine gebildet. Im Verordnungswege kann auch bei anderen Stellen die Bildung von Oberkriegsgerichten zugelassen werden.

66. Die Oberkriegsgerichte bestehen aus sieben Richtern, und zwar aus

zwei Oberkriegsgerichtsräthen und
fünf Offizieren.

67. Als Richter sind, außer den Oberkriegsgerichtsräthen, zu berufen:

1. wenn der Angeklagte ein Gemeiner oder ein Unteroffizier ist:
   ein Oberstlieutenant, zwei Majors, ein Hauptmann (Rittmeister) und ein Premierlieutenant;
2. wenn der Angeklagte ein Subalternoffizier oder ein Hauptmann (Rittmeister) ist:
   ein Oberst, ein Oberstlieutenant, ein Major und zwei Hauptleute (Rittmeister);
3. wenn der Angeklagte ein Major ist:
   ein Oberst, zwei Oberstlieutenants und zwei Majors;
4. wenn der Angeklagte ein Oberstlieutenant ist:
   ein Generalmajor zwei Obersten und zwei Oberstlieutenants;
5. wenn der Angeklagte ein Oberst ist:
   ein Generalmajor, drei Obersten und ein Oberstlieutenant;

6. wenn der Angeklagte ein Generalmajor ist:
ein Generallieutenant, drei Generalmajors und ein Oberst;
7. wenn der Angeklagte ein Generallieutenant ist:
ein General, drei Generallieutenants und ein Generalmajor;
8. wenn der Angeklagte ein General oder ein im höheren Range stehender Offizier ist:
drei Generale und zwei Generallieutenants.

68. Die zur Bildung des Oberkriegsgerichts erforderlichen Offiziere werden in den Fällen des §. 67 Nr. 1 bis 5 vom Gerichtsherrn alljährlich vor dem Beginne des Geschäftsjahrs für die Dauer desselben als ständige Richter bestellt. Für die gleiche Dauer sind ständige Stellvertreter zu bezeichnen.

Auf die aus dem Offizierstande zu berufenden Richter finden die Bestimmungen der §§. 39, 40, 42, 43 Anwendung.

69. Die Bestimmungen der §§. 54 bis 58, 61 finden auf die Oberkriegsgerichte entsprechende Anwendung.

70. In den Oberkriegsgerichten können die Oberkriegsgerichtsräthe nur durch ständig angestellte richterliche Beamte vertreten werden.

IV. Reichsmilitärgericht.

71. Das Reichsmilitärgericht ist, abgesehen von den ihm durch anderweite Bestimmungen dieses Gesetzes zugewiesenen Entscheidungen und Geschäften, zuständig:

für die Verhandlung und Entscheidung über das Rechtsmittel der Revision.

72. Der Sitz des Reichsmilitärgerichts ist Berlin.

Für den Kriegsfall kann der Kaiser den Sitz des Reichsmilitärgerichts oder einzelner Senate desselben verlegen.

73. An der Spitze des Reichsmilitärgerichts steht als Präsident ein General oder Admiral mit dem Range eines kommandirenden Generals. Demselben steht die Leitung der Geschäfte zu; an der Rechtsprechung nimmt er nicht Theil.

74. Der Präsident wird vom Kaiser ernannt.

75. Der Präsident leistet beim Antritte seines Amtes vor versammeltem Plenum folgenden Eid:

„Ich schwöre bei Gott dem Allmächtigen und Allwissenden, die Pflichten des Präsidenten des Reichsmilitärgerichts getreulich zu erfüllen. So wahr mir Gott helfe."

Die Bestimmungen des §. 42 Absatz 3 und 4 finden Anwendung.

76. Für die Fälle der Verhinderung des Präsidenten bestimmt der Kaiser einen Stellvertreter.

Ein Mitglied des Reichsmilitärgerichts kann nicht Stellvertreter des Präsidenten sein.

77. Bei dem Reichsmilitärgerichte werden Senate gebildet.

78. Jeder Senat besteht aus einem Senatspräsidenten und der erforderlichen Zahl von Räthen und Offizieren.

Die Zuziehung von Hülfsrichtern an Stelle der Senatspräsidenten und Räthe ist unzulässig.

79. Die militärischen Mitglieder des Reichsmilitärgerichts sollen mindestens im Range der Stabsoffiziere stehen.

Sie werden vom Kaiser auf Vorschlag der Kontingentsherren auf die Dauer von mindestens zwei Jahren bestimmt.

80. Die Senatspräsidenten und die Räthe werden vom Kaiser auf Vorschlag des Bundesraths ernannt. Sie müssen in Gemäßheit des Gerichtsverfassungsgesetzes vom 27. Januar 1877 zum Richteramte befähigt sein und das fünfunddreißigste Lebensjahr vollendet haben.

81. Die Senatspräsidenten und die Räthe sind Militärbeamte. Auf dieselben finden die Bestimmungen der §§. 6, 7, 8 Absatz 1 und 2, §§. 9, 180 Absatz 2 und 3 des Gerichtsverfassungsgesetzes vom 27. Januar 1877 entsprechende Anwendung.

82. Die militärischen Mitglieder des Reichsmilitärgerichts werden beim Antritt ihres Richteramts durch den Präsidenten vor versammeltem Plenum beeidigt. Die Eidesformel lautet:

„Ich schwöre bei Gott dem Allmächtigen und Allwissenden, die Pflichten eines Richters beim Reichsmilitärgerichte getreulich zu erfüllen. So wahr mir Gott helfe."

Die Bestimmungen des §. 42 Absatz 3 und 4 finden Anwendung.

83. In den Senaten führt der rangälteste Offizier den Vorsitz; der Senatspräsident leitet die Verhandlungen.

Die außerhalb der Hauptverhandlung nothwendigen Verfügungen werden von dem Senatspräsidenten erlassen.

84. Die Senate beschließen und entscheiden in der Besetzung von vier militärischen und drei juristischen Mitgliedern mit Einschluß des Vorsitzenden.

Sie beschließen und entscheiden in der Besetzung von vier juristischen und drei militärischen Mitgliedern mit Einschluß des Vorsitzenden, wenn das Rechtsmittel der Revision lediglich auf die Verletzung prozessualer Vorschriften, einer Vorschrift oder eines Rechtsgrundsatzes der allgemeinen bürgerlichen Gesetze gestützt wird.

85. Will ein Senat in einer Rechtsfrage von einer früheren Entscheidung eines anderen Senats oder des Plenums abweichen, so ist über die streitige Rechtsfrage eine Entscheidung des Plenums einzuholen.

Dasselbe gilt, wenn ein Senat in einer die Auslegung der bürgerlichen Strafgesetze betreffenden Rechtsfrage von einer früheren Entscheidung der vereinigten Strafsenate oder des Plenums des Reichsgerichts abweichen will.

Die Entscheidung der Rechtsfrage durch das Plenum ist in der zu entscheidenden Sache bindend. Sie erfolgt in allen Fällen ohne vorgängige mündliche Verhandlung.

Vor der Entscheidung ist die Militäranwaltschaft mit ihren schriftlichen Anträgen zu hören.

Soweit die Entscheidung der Sache eine vorgängige mündliche Verhandlung erfordert, erfolgt dieselbe durch den erkennenden Senat auf Grund einer erneuten mündlichen Verhandlung, zu welcher die Betheiligten unter Mittheilung der ergangenen Entscheidung der Rechtsfrage zu laden sind.

86. Zur Fassung der im §. 85 vorgesehenen Plenarentscheidungen ist die Theilnahme von mindestens zwei Drittheilen aller Mitglieder, mit Einschluß des Vorsitzenden, erforderlich.

Je nach der Besetzung der Senate mit vier militärischen und drei juristischen Mitgliedern oder vier juristischen und drei militärischen Mitgliedern (§. 84) soll die Zahl der stimmberechtigten militärischen Mitglieder um eins größer sein als diejenige der juristischen Mitglieder, oder umgekehrt. Entspricht das Zahlenverhältniß der anwesenden juristischen und militärischen Mitglieder nicht dem vorstehend angegebenen Stimmenverhältnisse, so haben auf der über dieses hinaus vertretenen Seite die jüngsten Mitglieder kein Stimmrecht.

Unter den juristischen Mitgliedern gilt derjenige Rath, welcher zuletzt ernannt ist, und bei gleichem Dienstalter derjenige, welcher der Geburt nach der jüngere ist, als der jüngste; unter den militärischen Mitgliedern entscheidet der Dienstrang.

Den Vorsitz im Plenum führt der rangälteste Offizier; der dem Dienstalter, und bei gleichem Dienstalter der der Geburt nach älteste Senatspräsident leitet die Verhandlungen.

87. Die Abstimmungen bei dem Reichsmilitärgericht erfolgen, vorbehaltlich näherer Regelung durch die Geschäftsordnung, in nachstehender Weise.

Ist ein Berichterstatter ernannt, so giebt derselbe seine Stimme zuerst ab. Der Vorsitzende stimmt in allen Fällen zuletzt. In den Senaten stimmt der Senatspräsident unmittelbar vor dem Vorsitzenden. Im Uebrigen giebt abwechselnd ein juristisches und ein militärisches Mitglied seine Stimme ab. Der im Dienstalter oder im Dienstrange Jüngere stimmt vor dem Aelteren.

88. Vor Beginn des Geschäftsjahrs werden auf die Dauer desselben die Geschäfte unter die Senate vertheilt und die Präsidenten, sowie die ständigen Mitglieder der einzelnen Senate und für den Fall ihrer Verhinderung die regelmäßigen Vertreter bestimmt. Jedes militärische Mitglied des Reichsmilitärgerichts kann zum Mitgliede mehrerer Senate bestimmt werden.

Die getroffene Anordnung kann im Laufe des Geschäftsjahrs nur geändert werden, wenn dies wegen eingetretener Ueberlastung eines Senats oder in Folge Wechsels oder dauernder Verhinderung einzelner Mitglieder des Gerichts erforderlich wird.

89. Die im §. 88 bezeichneten Anordnungen erfolgen durch den Präsidenten des Reichsmilitärgerichts nach Anhörung der Senatspräsidenten.

90. Im Falle der Verhinderung wird in einer durch die Geschäftsordnung zu regelnden Weise der Senatspräsident durch einen anderen Senatspräsidenten,

nöthigenfalls durch den ältesten Rath des Senats, vertreten.

91. Im Falle der Verhinderung des regelmäßigen Vertreters eines Mitglieds wird ein zeitweiliger Vertreter durch den Präsidenten des Reichsmilitärgerichts bestimmt.

92. Im Uebrigen wird der Geschäftsgang durch eine Geschäftsordnung geregelt, welche das Plenum unter dem Vorsitze des Präsidenten des Reichsmilitärgerichts und unter Zuziehung der Militäranwaltschaft auszuarbeiten und der Präsident dem Kaiser zur Bestätigung vorzulegen hat.

Vierter Abschnitt.

Oberkriegsgerichtsräthe, Kriegsgerichtsräthe und Gerichtsoffiziere.

93. Die Ernennung der Oberkriegsgerichtsräthe und der Kriegsgerichtsräthe erfolgt durch den zuständigen Kontingentsherrn, in der Marine durch den Kaiser.

94. Die Oberkriegsgerichtsräthe und die Kriegsgerichtsräthe müssen in Gemäßheit des Gerichtsverfassungsgesetzes vom 27. Januar 1877 zum Richteramte befähigt sein.

Auf dieselben finden die §§. 6, 7, 9 des bezeichneten Gesetzes entsprechende Anwendung.

95. Sind einem Gerichtsherrn mehrere Kriegsgerichtsräthe zugeordnet, so kann durch die oberste Militärjustizverwaltungsbehörde einzelnen der Amtssitz außerhalb des Garnisonorts des Gerichtsherrn angewiesen werden.

96. Die Oberkriegsgerichtsräthe und die Kriegsgerichtsräthe können wider ihren Willen nur kraft richterlicher Entscheidung und aus den Gründen und unter den Formen, welche das Gesetz bestimmt, dauernd oder zeitweise ihres Amtes enthoben oder in eine andere Stelle oder in den Ruhestand versetzt werden. In den Fällen des §. 95 bedarf es der Zustimmung zur Versetzung nicht.

Die richterlichen Militärjustizbeamten der Marine können durch die oberste Marineverwaltungsbehörde (Reichs-Marine-Amt) dem Befehlshaber einer Flotte oder eines Geschwaders zugeordnet werden. Ohne ihre Zustimmung darf in Friedenszeiten dieses Dienstverhältniß die Dauer von drei Jahren nicht überschreiten.

Bei einer Veränderung in der Organisation des Heeres oder der Marine können unfreiwillige Versetzungen in eine andere militärrichterliche Stelle oder Enthebungen vom Amte unter Belassung des vollen Gehalts durch die Militärjustizverwaltung verfügt werden.

Gleiche Befugniß in Beziehung auf unfreiwillige Versetzungen steht der Militärjustizverwaltung im Falle einer Mobilmachung mit der Maßgabe zu, daß die getroffenen Verfügungen nur für die Dauer der Mobilmachung gelten.

97. Die Oberkriegsgerichtsräthe und die Kriegsgerichtsräthe haben, soweit sie nicht als Richter bei den erkennenden Gerichten mitwirken, den Weisungen des Gerichtsherrn Folge zu leisten.

Die im Laufe des Verfahrens ergehenden Entscheidungen und Verfügungen des Gerichtsherrn sind, soweit das Gesetz nicht ein Anderes bestimmt, außer von diesem auch von einem richterlichen Militärjustizbeamten zu unterzeichnen. Letzterer übernimmt dadurch die Mitverantwortlichkeit für die Gesetzlichkeit.

Hält der Militärjustizbeamte eine Weisung, Verfügung oder Entscheidung mit den Gesetzen oder den sonst maßgebenden Vorschriften nicht vereinbar, so hat er dagegen Vorstellung zu erheben. Bleibt diese erfolglos, so hat er der Weisung des Gerichtsherrn, welcher alsdann allein die Verantwortung trägt, zu entsprechen, den Hergang jedoch aktenkundig zu machen. Die Akten sind unverzüglich von dem Gerichtsherrn dem Oberkriegsgerichte zur rechtlichen Beurtheilung der Sache vorzulegen. Diese Beurtheilung ist für die weitere Behandlung der Sache maßgebend.

98. Die Oberkriegsgerichtsräthe und die Kriegsgerichtsräthe können, unbeschadet der Bestimmung des §. 70, im Falle ihrer Verhinderung nur durch zum Richteramte befähigte Personen ersetzt werden. Im Felde und an Bord können sie, soweit die Umstände dies erfordern, durch Offiziere ersetzt werden.

99. Die Gerichtsoffiziere werden von den Gerichtsherren aus der Zahl der Subalternoffiziere bestellt.

100. Zum Gerichtsoffizier darf nur bestellt werden, wer seit mindestens einem Jahre dem Heere oder der Marine angehört. Diese Einschränkung findet im Felde und an Bord keine Anwendung.

101. Der Gerichtsoffizier ist beim Antritte seines Amtes durch den Gerichtsherrn zu beeidigen.

Die Eidesformel lautet:

„Ich schwöre bei Gott dem Allmächtigen und Allwissenden, die Pflichten eines Gerichtsoffiziers getreulich zu erfüllen. So wahr mir Gott helfe."

Die Bestimmungen des §. 42 Absatz 3 und 4 finden Anwendung.

102. Die Bestimmungen des §. 97 finden auf die Gerichtsoffiziere entsprechende Anwendung.

Fünfter Abschnitt.

Militäranwaltschaft beim Reichsmilitärgerichte.

103. Beim Reichsmilitärgerichte wird eine aus einem Obermilitäranwalt und einem oder mehreren Militäranwälten bestehende Militäranwaltschaft eingerichtet.

104. Die Militäranwälte stehen unter der Aufsicht und Leitung des Obermilitäranwalts und haben seinen Anordnungen Folge zu leisten.

105. Der Obermilitäranwalt ist dem Präsidenten des Reichsmilitärgerichts unterstellt.

In Fragen, welche die Geltung oder die Auslegung einer militärischen Dienstvorschrift oder eines militärdienstlichen Grundsatzes betreffen oder allgemeine militärische Interessen berühren, ist der Obermilitäranwalt behalten, die Ansicht des Präsidenten zu vertreten.

106. Der Obermilitäranwalt und die Militäranwälte sind nichtrichterliche Militärbeamte.

Zu diesen Aemtern können nur zum Richteramte befähigte Beamte ernannt werden (§§. 80, 94).

107. Die Ernennung des Obermilitäranwalts und der Militäranwälte erfolgt durch den Kaiser auf Vorschlag des Bundesraths.

Dieselben können durch Kaiserliche Verfügung jederzeit mit Gewährung des gesetzlichen Wartegeldes einstweilig in den Ruhestand versetzt werden.

Sechster Abschnitt.

Militärgerichtsschreiber.

108. Bei dem Reichsmilitärgericht und bei dem Stabe eines jeden Gerichtsherrn der höheren Gerichtsbarkeit werden Gerichtsschreiber angestellt.

Die Dienstverhältnisse der Militärgerichtsschreiber werden hinsichtlich des Reichsmilitärgerichts durch den Bundesrath, im Uebrigen durch die Militärjustizverwaltung bestimmt.

109. Die Wahrnehmung der Geschäfte des Gerichtsschreibers bei den Gerichtsherren der niederen Gerichtsbarkeit ist geeigneten Personen des Soldatenstandes zu übertragen.

An Bord können die Geschäfte des Gerichtsschreibers einer geeigneten Person der Besatzung übertragen werden.

110. Wird die Wahrnehmung der Geschäfte des Gerichtsschreibers Personen übertragen, die nicht Reichs- oder Staatsbeamte sind, so haben dieselben schriftlich das eidesstattliche Gelöbniß abzugeben, daß sie die ihnen übertragenen Geschäfte treu und gewissenhaft verrichten und Verschwiegenheit über dieselben beobachten wollen.

Dritter Titel.

Militärjustizverwaltung.

111. Die Militärjustizverwaltung wird hinsichtlich des Reichsmilitärgerichts und der Militäranwaltschaft vom Präsidenten des Reichsmilitärgerichts, hinsichtlich der Marine von dem Reichskanzler (Reichs-Marine-Amt), im Uebrigen von den Kriegsministerien oder den ihnen in dieser Beziehung gleichstehenden Behörden ausgeübt.

112. Der Militärjustizverwaltung steht die Aufsicht über die Ausübung der Militärstrafgerichtsbarkeit zu.

113. Die rechtskräftigen Urtheile der Standgerichte und der Kriegsgerichte sind nebst den Akten vierteljährlich einer Durchsicht zu unterziehen, um zu prüfen, ob die gesetzlichen Vorschriften über das Verfahren beobachtet und hinsichtlich der Anwendung der Gesetze, sowie der militärdienstlichen Vorschriften und Grundsätze gleichmäßig und richtig verfahren worden ist.

Die Durchsicht der standgerichtlichen Urtheile und Akten geschieht bei dem Gerichtsherrn der Berufungsinstanz durch einen Kriegsgerichtsrath. Eine Zusammenstellung der wahrgenommenen Mängel und Verstöße ist dem kommandirenden General (Admiral) zur Nachprüfung einzureichen.

Diese Nachprüfung, sowie die Durchsicht der kriegsgerichtlichen Urtheile und Akten geschieht bei dem kommandirenden General (Admiral) durch einen Oberkriegsgerichtsrath.

Die Urtheile der Oberkriegsgerichte sind zu dem im ersten Absatz angegebenen Zwecke halbjährlich an das Reichsmilitärgericht einzureichen. Demselben sind dabei die Ausstellungen mitzutheilen, zu welchen die standgerichtlichen und kriegsgerichtlichen Sachen im letzten halben Jahre Anlaß gegeben haben. Das Ergebniß der vom Reichsmilitärgerichte vorgenommenen Prüfungen ist durch den Präsidenten desselben der betreffenden Militärjustizverwaltung zur weiteren Veranlassung mitzutheilen.

114. Die näheren Anordnungen hinsichtlich der Bestimmungen der §§. 24, 113 erfolgen im Verordnungswege.

Zweiter Theil.

Verfahren.

Erster Titel.

Allgemeine Bestimmungen.

Erster Abschnitt.

Gerichtssprache.

115. Die Gerichtssprache ist die deutsche.

116. Wird unter Betheiligung von Personen verhandelt, welche der deutschen Sprache nicht mächtig sind, so ist ein Dolmetscher zuzuziehen. Die Führung eines Nebenprotokolls in der fremden Sprache findet nicht statt, jedoch sollen Aussagen und Erklärungen in fremder Sprache, wenn und soweit dies mit Rücksicht auf die Wichtigkeit der Sache erforderlich erscheint, auch in der fremden Sprache in das Protokoll oder in eine Anlage niedergeschrieben werden. In den dazu geeigneten Fällen soll dem Protokoll eine durch den Dolmetscher zu beglaubigende Uebersetzung beigefügt werden.

Die Zuziehung eines Dolmetschers kann unterbleiben wenn die betheiligten Personen sämmtlich der fremden Sprache mächtig sind.

117. Zur Verhandlung mit tauben oder stummen Personen ist, sofern nicht eine mündliche oder schriftliche Verständigung erfolgt, eine Person als Dolmetscher zuzuziehen, mit deren Hülfe die Verständigung in anderer Weise erfolgen kann.

118. Personen, welche der deutschen Sprache nicht mächtig sind, leisten Eide in der ihnen geläufigen Sprache.

119. Der Dolmetscher hat einen Eid dahin zu leisten:

daß er treu und gewissenhaft übertragen werde.

Ist der Dolmetscher für Uebertragungen der betreffenden Art im Allgemeinen beeidigt, so genügt die Berufung auf den geleisteten Eid.

120. Der Dienst des Dolmetschers kann von dem Militärgerichtsschreiber wahrgenommen werden. Einer besonderen Beeidigung bedarf es nicht.

121. Auf den Dolmetscher finden die Bestimmungen über Ausschließung und Ablehnung der Sachverständigen entsprechende Anwendung.

Zweiter Abschnitt.

Ausschließung und Ablehnung der Gerichtspersonen.

122. Von der Ausübung des Richteramts bei den erkennenden Gerichten ist kraft Gesetzes ausgeschlossen:

1. wer selbst durch die strafbare Handlung verletzt ist;
2. wer Ehemann oder Vormund der beschuldigten oder Ehemann oder Vormund der verletzten Person ist oder gewesen ist;
3. wer mit dem Beschuldigten oder mit dem Verletzten in gerader Linie verwandt, verschwägert oder durch Annahme an Kindesstatt verbunden, in der Seitenlinie bis zum dritten Grade verwandt oder bis zum zweiten Grade verschwägert ist, auch wenn die Ehe, durch welche die Schwägerschaft begründet ist, nicht mehr besteht;
4. wer in der Sache als Gerichtsherr, als Untersuchungsführer im Ermittelungsverfahren, als Vertreter der Anklage oder als Vertheidiger thätig gewesen ist, oder als Vorgesetzter den Thatbericht (vgl. §. 158 Abs. 2) eingereicht hat;
5. wer in der Sache als Zeuge oder Sachverständiger vernommen ist.

123. Wer bei einer durch ein Rechtsmittel angefochtenen Entscheidung als Richter mitgewirkt hat, ist von der Mitwirkung bei der Entscheidung in höherer Instanz kraft Gesetzes ausgeschlossen.

124. Ein Richter kann sowohl in den Fällen, in

denen er von der Ausübung des Richteramts kraft Gesetzes ausgeschlossen ist, als auch wegen Besorgniß der Befangenheit abgelehnt werden.

Wegen Besorgniß der Befangenheit findet die Ablehnung statt, wenn ein Grund vorliegt, welcher geeignet ist, Mißtrauen gegen die Unparteilichkeit eines Richters zu rechtfertigen.

Das Ablehnungsrecht steht dem Beschuldigten, im Verfahren vor dem Reichsmilitärgericht auch der Militäranwaltschaft zu.

Den zur Ablehnung Berechtigten sind auf Verlangen die zur Mitwirkung bei der Entscheidung berufenen Gerichtspersonen namhaft zu machen.

125. Das Ablehnungsgesuch wegen Besorgniß der Befangenheit ist in erster Instanz nur bis zur Verlesung der Verfügung über die Anklageerhebung, in der Hauptverhandlung über die Berufung und die Revision nur bis zum Beginne der Berichterstattung zulässig.

Außerhalb der Hauptverhandlung ist das Ablehnungsgesuch von Mannschaften des aktiven Heeres oder der aktiven Marine zu Protokoll eines Gerichtsoffiziers oder eines richterlichen Militärjustizbeamten oder des nächsten mit Disziplinarstrafgewalt versehenen Vorgesetzten zu erklären oder schriftlich einzureichen, von anderen Personen schriftlich oder zu Protokoll des Gerichtsschreibers des Amtsgerichts anzubringen.

Beschuldigte, welche sich nicht auf freiem Fuße befinden, können die Erklärungen überdies zu Protokoll des mit der Aufsicht über das Gefängniß betrauten

Offiziers oder Beamten, oder, sofern sie nicht dem aktiven Heere oder der aktiven Marine angehören, desjenigen Amtsgerichts geben, in dessen Bezirke das Gefängniß liegt.

126. Bei jedem Ablehnungsgesuch ist der Ablehnungsgrund glaubhaft zu machen; der Eid ist als Mittel der Glaubhaftmachung ausgeschlossen. Zur Glaubhaftmachung kann auf das Zeugniß des Abgelehnten Bezug genommen werden.

127. Ist das Ablehnungsgesuch verspätet oder nicht unter Angabe und Glaubhaftmachung des Ablehnungsgrundes eingebracht worden, so hat das Gericht mit Einschluß des abgelehnten Richters das Ablehnungsgesuch als unzulässig zu verwerfen. Das Gesuch kann auch verworfen werden, wenn das Gericht einstimmig der Ansicht ist, daß dasselbe offenbar nur in der Absicht, das Verfahren zu verschleppen, eingebracht ist.

128. Wird das Gesuch nicht als unzulässig verworfen, so hat der abgelehnte Richter sich über den Ablehnungsgrund dienstlich zu äußern.

Ueber das Ablehnungsgesuch entscheidet das Gericht, welchem der Abgelehnte angehört. Der abgelehnte Richter darf bei der Entscheidung über das Ablehnungsgesuch nicht mitwirken.

Einer Entscheidung bedarf es nicht, wenn der Abgelehnte das Ablehnungsgesuch für begründet hält.

129. Die Entscheidung eines Standgerichts, Kriegsgerichts oder Oberkriegsgerichts, durch welche ein Ablehnungsgesuch für unbegründet erklärt wird, kann nicht für sich allein, sondern nur mit der Entscheidung in der Hauptsache angefochten werden.

130. Die Bestimmungen der §§. 122, 124, 125 Absatz 2 und 3, §§. 126, 128 Absatz 1 und 3 finden auf die Gerichtsoffiziere und die Kriegsgerichtsräthe, soweit sie außerhalb der Hauptverhandlungen mit Untersuchungshandlungen beauftragt sind, entsprechende Anwendung.

Das Ablehnungsgesuch ist an denjenigen Gerichtsherrn zu richten, welcher den Auftrag ertheilt hat.

Ueber das Ablehnungsgesuch entscheidet der Gerichtsherr.

Wird das Ablehnungsgesuch bei Vornahme der Untersuchungshandlung angebracht, so ist dasselbe zu Protokoll zu nehmen. Der Gerichtsoffizier oder Kriegsgerichtsrath kann das Ablehnungsgesuch, wenn es nicht unter Angabe und Glaubhaftmachung des Ablehnungsgrundes oder offenbar nur in der Absicht angebracht worden ist, das Verfahren zu verschleppen, als unzulässig zurückweisen. Hiergegen findet binnen der Frist von einem Tage die Rechtsbeschwerde an den Gerichtsherrn statt.

131. Die für die Erledigung eines Ablehnungsgesuchs zuständige Stelle (§. 128 Absatz 2, §. 130 Absatz 3) hat auch dann zu entscheiden, wenn, ohne daß ein solches Gesuch angebracht ist, ein Richter oder eine der im §. 130 Absatz 1 bezeichneten Personen von einem Verhältniß

Anzeige macht, welches die Ablehnung rechtfertigen könnte, oder wenn aus anderer Veranlassung Zweifel darüber entstehen, ob eine Ausschließung kraft Gesetzes begründet sei.

132. Die Bestimmungen der §§. 122, 125, 126, 131 finden auf den Militärgerichtsschreiber entsprechende Anwendung. Ueber die Ausschließung oder Ablehnung desselben entscheidet in der Hauptverhandlung das Gericht, außerhalb derselben der richterliche Militärjustizbeamte oder der Gerichtsoffizier, welchem der Gerichtsschreiber beigegeben ist.

Gegen die Entscheidung, sofern sie nicht in der Hauptverhandlung ergangen ist, findet binnen der Frist von einem Tage die Rechtsbeschwerde an den Gerichtsherrn statt.

133. In den Fällen der §§. 130, 132 hat der Abgelehnte vor Erledigung des Ablehnungsgesuchs nur solche Handlungen vorzunehmen, die keinen Aufschub gestatten.

134. Die ein Ablehnungsgesuch zurückweisende Verfügung ist in allen Fällen mit den Gründen aktenkundig zu machen.

135. Ein Gerichtsherr, bei welchem eine der Voraussetzungen des §. 122 Nr. 1, 2, 3, 5 zutrifft, hat die Wahrnehmung der Gerichtsherrngeschäfte dem Stellvertreter im Kommando zu übertragen.

Das Gleiche gilt, wenn sonstige Umstände vorliegen, durch welche der Gerichtsherr sich in der Sache für befangen hält.

Dritter Abschnitt.

Entscheidungen, Verfügungen und deren Bekanntmachung.

136. Entscheidungen und Verfügungen, welche durch ein Rechtsmittel anfechtbar sind, oder durch die ein Antrag abgelehnt wird, sind mit Gründen zu versehen.

137. Entscheidungen und Verfügungen, welche in Anwesenheit der davon betroffenen Person ergehen, werden derselben durch Verkündung bekannt gemacht. Bei Mannschaften des aktiven Heeres und der aktiven Marine soll diese Art der Bekanntmachung die Regel bilden. Auf Verlangen ist eine Abschrift der Entscheidung oder Verfügung zu ertheilen.

Die Bekanntmachung der in Abwesenheit des Betheiligten ergehenden Entscheidungen und Verfügungen erfolgt durch Zustellung.

Diese Bestimmungen finden auf die lediglich den inneren Dienst der Gerichte oder der Gerichtspersonen betreffenden Entscheidungen und Verfügungen keine Anwendung.

138. Die erforderliche Zustellung oder Vollstreckung von Entscheidungen und Verfügungen wird durch den Gerichtsherrn, bei dem Reichsmilitärgerichte durch den Präsidenten desselben veranlaßt.

139. Die Zustellung besteht in der Uebergabe einer beglaubigten Abschrift des zuzustellenden Schriftstücks.

Die Beglaubigung geschieht bei den Gerichten der niederen Gerichtsbarkeit durch einen Gerichtsoffizier, bei den übrigen Gerichten durch einen richterlichen Militärjustizbeamten.

140. Dem nicht auf freiem Fuße befindlichen Beschuldigten ist das zugestellte Schriftstück, wenn er des Lesens unkundig, vorzulesen, wenn er der deutschen Sprache unkundig, zu übersetzen.

141. Zustellungen, welche an aktive Militärpersonen erforderlich werden (§. 137), erfolgen dienstlich gegen Empfangsbescheinigung des Betheiligten.

Aus der Bescheinigung müssen die Person, der zugestellt ist, sowie Ort und Zeit der Zustellung sich ergeben.

142. Zustellungen an Personen, die nicht aktive Militärpersonen sind, erfolgen gegen Empfangsbescheinigung (§. 141 Absatz 2) durch hierzu bestellte Militärpersonen oder Beamte oder durch Ersuchen der Staatsanwaltschaft.

Sofern nicht zur Hauptverhandlung geladen wird oder mit der Zustellung der Lauf einer Frist beginnt, kann die Zustellung auch durch Aufgabe zur Post erfolgen. Diese besteht darin, daß das zu übergebende Schriftstück unter der Adresse der Person, an die zugestellt werden soll, zur Post gegeben wird. Die erfolgte Aufgabe zur Post ist zu den Akten zu beurkunden. Bleibt dieser Weg erfolglos, so geschieht die Zustellung nach Maßgabe des Absatzes 1.

143. Zustellungen an Personen, welche zu einem im Auslande befindlichen oder zu einem mobilen militärischen Verband oder zur Besatzung eines in Dienst gestellten

Schiffes gehören, können mittelst Ersuchens der vorgesetzten Kommandobehörde erfolgen.

144. Sind Zustellungen im Ausland an Personen, welche nicht aktive Militärpersonen sind, zu bewirken, so ist, soweit nicht der unmittelbare Verkehr mit den ausländischen Gerichtsbehörden zugelassen ist, das zu übergebende Schriftstück der obersten Militärjustizverwaltungsbehörde mittelst Berichts einzureichen.

Dasselbe gilt, wenn Zustellungen an Deutsche, welche das Recht der Exterritorialität genießen, oder an Vorsteher der Reichskonsulate erfolgen sollen.

Die weitere Veranlassung der Zustellung erfolgt in diesen Fällen in Gemäßheit der §§. 182, 183 der Civilprozeßordnung.

145. Kann eine Zustellung an einen Beschuldigten nicht in der vorgeschriebenen Weise bewirkt werden, oder lehnt im Falle des §. 144 Absatz 1 die oberste Militärjustizverwaltungsbehörde die weitere Veranlassung als unausführbar oder voraussichtlich erfolglos ab, so gilt die Zustellung als bewirkt, wenn der Inhalt des zuzustellenden Schriftstücks durch den Reichsanzeiger bekannt gemacht worden ist und seit dem Erscheinen dieses Blattes zwei Wochen verflossen sind. Die gleichzeitige Bekanntmachung durch ein anderes Blatt ist nicht ausgeschlossen.

Vierter Abschnitt.

Berechnung der Fristen. Wiedereinsetzung in den vorigen Stand gegen Fristversäumniß.

146. Bei der Berechnung einer Frist, die nach Tagen

bestimmt ist, wird der Tag nicht mitgerechnet, auf welchen der Zeitpunkt oder das Ereigniß fällt, nach welchem der Anfang der Frist sich richten soll. Auf die Frist kommen auch diejenigen Tage nicht in Anrechnung, an denen die Person, welcher die Frist gesetzt ist, durch militärischen Dienst an der Wahrnehmung ihrer Rechte verhindert war. Daß dies thatsächlich der Fall war, ist durch dienstliche Bescheinigung nachzuweisen.

Eine Frist, die nach Wochen oder Monaten bestimmt ist, endigt mit Ablauf desjenigen Tages der letzten Woche oder des letzten Monats, welcher durch seine Benennung oder Zahl dem Tage entspricht, an welchem die Frist begonnen hat; fehlt dieser Tag in dem letzten Monate, so endigt die Frist mit Ablauf des letzten Tages dieses Monats.

Fällt das Ende einer Frist auf einen Sonntag oder allgemeinen Feiertag, so endigt die Frist mit Ablauf des nächstfolgenden Werktags.

147. Gegen die Versäumung einer für die Einlegung oder Rechtfertigung von Rechtsmitteln gesetzten Frist kann die Wiedereinsetzung in den vorigen Stand beansprucht werden, wenn der Antragsteller durch militärischen Dienst, durch Naturereignisse oder andere unabwendbare Zufälle an der Einhaltung der Frist verhindert worden ist. Als unabwendbarer Zufall ist es anzusehen, wenn der Antragsteller von einer Zustellung ohne sein Verschulden keine Kenntniß erlangt hat.

148. Das Gesuch um Wiedereinsetzung in den vorigen

Stand muß binnen drei Tagen nach Beseitigung des Hindernisses bei derjenigen Stelle, bei welcher die Frist wahrzunehmen gewesen wäre, unter Angabe und Glaubhaftmachung der Versäumungsgründe angebracht werden.

Mit dem Gesuch ist zugleich die versäumte Handlung selbst nachzuholen.

149. Ueber die Wiedereinsetzung in den vorigen Stand entscheidet diejenige Stelle, welcher die Prüfung und Entscheidung darüber zukommt, ob die Frist gewahrt ist.

Die Wiedereinsetzung kann auch in Ermangelung eines förmlichen hierauf gerichteten Gesuchs bewilligt werden.

Die eine Wiedereinsetzung aussprechende Entscheidung unterliegt keiner Anfechtung.

Gegen die das Gesuch verwerfende Entscheidung findet binnen der Frist von drei Tagen nach deren Zustellung die Rechtsbeschwerde an das Reichsmilitärgericht statt. Im Felde und an Bord ist die Rechtsbeschwerde ausgeschlossen.

150. Durch das Gesuch um Wiedereinsetzung in den vorigen Stand wird die Vollstreckung einer Entscheidung oder Verfügung nicht gehemmt.

Es kann jedoch ein Aufschub der Vollstreckung angeordnet werden.

Zweiter Titel.

Verfahren in erster Instanz.

Erster Abschnitt.

Ermittelungsverfahren.

151. Anzeigen strafbarer Handlungen, sowie Anträge auf Strafverfolgung gegen Personen, welche der Militärstrafgerichtsbarkeit unterstehen, sind von Personen des Soldatenstandes des aktiven Heeres und der aktiven Marine auf dem Dienstwege, von Militärbeamten bei der vorgesetzten Dienstbehörde des Beschuldigten anzubringen.

Für die Anbringung solcher Anzeigen und Anträge durch andere als die im Absatz 1 bezeichneten Personen sind die Vorschriften des bürgerlichen Rechtes maßgebend. Es genügt jedoch auch das Anbringen bei der vorgesetzten Dienstbehörde des Beschuldigten.

152. Bei strafbaren Handlungen, deren Verfolgung nur auf Antrag eintritt, muß der Antrag aktenkundig gemacht werden.

153. Anzeigen und Anträge, welche bei den Staatsanwaltschaften, den Amtsgerichten und den Behörden und Beamten des Polizei- und Sicherheitsdienstes angebracht werden, sind sofort an die vorgesetzte Dienstbehörde des Beschuldigten abzugeben.

Der militärische Vorgesetzte hat über die ihm angezeigten oder sonst zu seiner Kenntniß gelangten strafbaren Handlungen seiner Untergebenen, soweit die Handlungen gerichtlich zu verfolgen sind, einen genauen, die Verdachtsgründe und Beweismittel umfassenden Thatbericht aufzustellen und denselben an den Gerichtsherrn einzusenden.

Die Staatsanwaltschaften, die Amtsgerichte, die Behörden und Beamten des Polizei- und Sicherheitsdienstes, sowie der militärische Vorgesetzte haben bis zum Einschreiten des Gerichtsherrn alle keinen Aufschub gestattenden

Anordnungen zu treffen, um die Verdunkelung der Sache zu verhüten. Erscheint die schleunige Vornahme einer richterlichen Untersuchungshandlung erforderlich, so ist sie von dem nächsten Kriegsgerichtsrath oder Amtsrichter auf Ersuchen des militärischen Vorgesetzten, der Staatsanwaltschaft oder der Behörden und Beamten des Polizei- und Sicherheitsdienstes, äußersten Falles ohne solches Ersuchen vorzunehmen; im Nothfalle kann dieselbe auch durch einen Gerichtsoffizier herbeigeführt werden. Die Verhandlungen sind sofort an den Gerichtsherrn abzugeben.

Erachtet der angegangene Gerichtsherr sich für unzuständig, oder ergiebt sich seine Unzuständigkeit im Laufe des Ermittelungsverfahrens, so hat er die Sache an die zuständige Stelle abzugeben.

154. Sind Anhaltspunkte dafür vorhanden, daß eine aktive Militärperson eines nicht natürlichen Todes gestorben ist, oder wird der Leichnam einer unbekannten Militärperson gefunden, so sind die Polizei- und Gemeindebehörden zur sofortigen Anzeige an die nächste Militärbehörde verpflichtet.

Die Beerdigung darf nur auf Grund einer schriftlichen Genehmigung der Militärbehörde oder, im Nothfalle, des Amtsrichters erfolgen.

155. Bei Todesfällen anderer als der im §. 154 bezeichneten Personen sind die Civilbehörden zur Anzeige an die Militärbehörde verpflichtet, wenn dringender Verdacht vorliegt, daß der Tod durch eine strafbare Handlung einer unter Militärstrafgerichtsbarkeit stehenden

Person verursacht worden ist, oder wenn auch nur Anhaltspunkte dafür vorliegen, daß eine solche Person in strafbarer Weise an dem Tode betheiligt sei.

In den Fällen der ersteren Art ist die Feststellung des Thatbestandes, insbesondere die richterliche Leichenschau und Leichenöffnung, der Militärbehörde zu überlassen.

In den Fällen der letzteren Art haben zunächst die bürgerlichen Behörden sich der Feststellung des Thatbestandes zu unterziehen. Der Militärbehörde ist jedoch thunlichst Gelegenheit zu geben, zur Theilnahme an der Leichenschau, der Leichenöffnung und der Ortsbesichtigung einen Kriegsgerichtsrath abzuordnen.

In entsprechender Weise haben die Militärbehörden zu verfahren, wenn an dem Tode einer aktiven Militärperson eine unter der bürgerlichen Strafgerichtsbarkeit stehende Person in strafbarer Weise betheiligt ist oder betheiligt erscheint.

156. Sobald der Gerichtsherr durch eine Anzeige oder auf anderem Wege von dem Verdacht einer militärgerichtlich zu verfolgenden strafbaren Handlung Kenntniß erhält, hat er durch ein von ihm anzuordnendes Ermittelungsverfahren den Sachverhalt erforschen zu lassen. Mit dem Ermittelungsverfahren wird vom Gerichtsherrn der niederen Gerichtsbarkeit ein Gerichtsoffizier, von dem Gerichtsherrn der höheren Gerichtsbarkeit ein Kriegsgerichtsrath beauftragt. Bei einfach liegenden Sachen genügt die Feststellung durch den Disziplinarvorgesetzten.

Der Thatbestand muß festgestellt werden, auch wenn der Beschuldigte ein Geständniß abgelegt hat.

Giebt der Gerichtsherr einer Anzeige keine Folge, so ist die getroffene Verfügung mit den Gründen aktenkundig zu machen.

157. In den Fällen des §. 3 des Einführungsgesetzes zum Militärstrafgesetzbuch ist eine gerichtliche Strafverfolgung ausgeschlossen, wenn die Handlung von dem zuständigen Disziplinarvorgesetzten im Disziplinarwege geahndet worden ist.

In denselben Fällen kann der Gerichtsherr, sofern er nicht zugleich der höhere Disziplinarvorgesetzte ist, die gerichtliche Strafverfolgung nicht deshalb ablehnen, weil er abweichend von dem Disziplinarvorgesetzten die Disziplinarbestrafung für ausreichend erachtet.

158. Bei Einleitung einer Strafverfolgung wegen Hochverraths oder Landesverraths oder wegen eines als Verbrechen oder Vergehen sich darstellenden Verraths militärischer Geheimnisse hat der Gerichtsherr unverzüglich der obersten Militärjustizverwaltungsbehörde Bericht zu erstatten.

Sind diese Handlungen gegen den Kaiser oder das Reich gerichtet, so hat er überdies in jedem Falle dem Reichskanzler sofort Anzeige zu erstatten.

159. Der mit der Führung des Ermittelungsverfahrens beauftragte Gerichtsoffizier oder Kriegsgerichtsrath (Untersuchungsführer) hat bei Erforschung des Sachverhalts nicht blos die zur Belastung, sondern auch die zur Entlastung dienenden Umstände zu ermitteln und die Erhebung aller Beweise herbeizuführen, deren Verlust zu besorgen steht, oder deren Aufnahme zur Vorbereitung der Vertheidigung des Beschuldigten erforderlich erscheint.

160. Zu dem im §. 159 bezeichneten Zwecke kann der Untersuchungsführer Ermittelungen jeder Art, einschließlich richterlicher Untersuchungshandlungen, insbesondere eidliche Vernehmungen von Zeugen und Sachverständigen vornehmen.

Zu demselben Zwecke kann von allen öffentlichen Behörden Auskunft verlangt werden.

Die Vornahme einzelner Untersuchungshandlungen kann durch Ersuchen eines anderen Gerichtsherrn oder des Amtsrichters des Bezirkes, wo die Handlung vorzunehmen ist, herbeigeführt werden. Der Ersuchte hat zu prüfen, ob die beantragte Handlung nach den Umständen des Falles gesetzlich zulässig ist.

Die Ersuchungsschreiben sind in der Regel von dem Gerichtsherrn und dem Untersuchungsführer zu unterzeichnen.

161. Die Behörden und Beamten des Polizei- und Sicherheitsdienstes sind verpflichtet, Ersuchen des Untersuchungsführers um Ausführung einzelner Maßregeln oder um Vornahme von Ermittelungen zu genügen.

162. Der Untersuchungsführer hat alle die Untersuchung berührenden Vorgänge und Thatsachen, insbesondere alle von ihm vorgenommenen oder veranlaßten Ermittelungen aktenkundig zu machen.

163. Ueber jede Untersuchungshandlung ist ein Protokoll aufzunehmen. Bei minder wichtigen Sachen genügt ein Aktenvermerk. Das Protokoll ist von dem Untersuchungsführer und dem zugezogenen Gerichtsschreiber, der Aktenvermerk von dem Untersuchungsführer zu unterschreiben.

Ein Gerichtsschreiber muß zugezogen werden bei der Vernehmung des Beschuldigten, der Zeugen und der Sachverständigen, sowie bei der Einnahme des Augenscheins.

Im Falle dringenden Bedürfnisses kann für einzelne Untersuchungshandlungen jede geeignete Person als Gerichtsschreiber zugezogen werden. Dieselbe ist in Gemäßheit des §. 110 durch den die Untersuchungshandlung vornehmenden Beamten oder Offizier zu verpflichten.

164. Das Protokoll muß Ort und Tag der Verhandlung, sowie die Namen der mitwirkenden oder betheiligten Personen angeben und ersehen lassen, ob die wesentlichen Förmlichkeiten des Verfahrens beobachtet sind.

Das Protokoll ist den bei der Verhandlung betheiligten Personen, soweit es dieselben betrifft, behufs der Genehmigung vorzulesen oder zur eigenen Durchlesung vorzulegen. Die erfolgte Genehmigung ist zu vermerken und das Protokoll von den Betheiligten zu unterschreiben. Unterbleibt die Unterschrift, so ist der Grund dafür in dem Protokolle zu vermerken.

165. Findet die Einnahme eines Augenscheins statt, so ist dem Beschuldigten und dem Vertheidiger die Anwesenheit bei der Verhandlung zu gestatten.

Dasselbe gilt, wenn ein Zeuge oder Sachverständiger

vernommen werden soll, welcher voraussichtlich am Erscheinen in der Hauptverhandlung verhindert, oder dessen Erscheinen wegen großer Entfernung besonders erschwert sein wird.

Von den Terminen sind die zur Anwesenheit Berechtigten vorher zu benachrichtigen, soweit dies ohne Aufenthalt für die Sache geschehen kann.

Beschuldigte, die dem aktiven Heere oder der aktiven Marine angehören, oder welche sich nicht auf freiem Fuße befinden, haben einen Anspruch auf Anwesenheit nur bei solchen Terminen, welche an dem Orte abgehalten werden, wo sie sich dienstlich aufhalten oder in Haft befinden.

Auf die Verlegung eines Termins wegen Verhinderung haben die zur Anwesenheit Berechtigten keinen Anspruch.

166. Der Beschuldigte kann von der Anwesenheit bei der Verhandlung ausgeschlossen werden, wenn zu befürchten ist, daß ein Zeuge in seiner Gegenwart die Wahrheit nicht sagen werde.

167. Der Gerichtsherr ist stets berechtigt, von dem Stande des Verfahrens durch Einsicht der Akten Kenntniß zu nehmen und die ihm zur Aufklärung der Sache geeignet scheinenden Verfügungen zu treffen. Er ist jedoch nicht befugt, an den Untersuchungshandlungen theilzunehmen.

Vom Gerichtsherrn kann, falls dies aus besonderen Rücksichten angezeigt erscheint, ein Offizier bestimmt werden, welcher den Untersuchungshandlungen des ersuchten Gerichts beizuwohnen und das Protokoll mit zu unterschreiben hat. Hat er Einwendungen gegen den Inhalt des Protokolls zu erheben, so sind sie von ihm unter demselben zu vermerken.

Der Untersuchungsführer ist berechtigt, den Gerichtsherrn zu ersuchen, einen Offizier zu bestimmen, welcher den Untersuchungshandlungen beizuwohnen und das Protokoll mit zu unterschreiben hat.

168. Das Ermittelungsverfahren ist nicht weiter auszudehnen, als erforderlich ist, um eine Entscheidung darüber zu begründen, ob Anklage zu erheben oder die strafgerichtliche Verfolgung einzustellen sei.

169. Ergiebt sich im Laufe des Ermittelungsverfahrens der Verdacht weiterer militärgerichtlich zu verfolgender strafbarer Handlungen, so hat der Untersuchungsführer in dringenden Fällen die in dieser Beziehung erforderlichen Untersuchungshandlungen von Amtswegen vorzunehmen.

Die Verhandlungen sind sofort dem Gerichtsherrn zu dessen Verfügung vorzulegen.

170. Im Felde und an Bord kann von einem schriftlichen Ermittelungsverfahren im Sinne dieses Abschnitts Abstand genommen werden. In jedem Falle ist dasselbe thunlichst einzuschränken und zu beschleunigen.

Zweiter Abschnitt.

Einzelne Untersuchungsmaßregeln.

I. Vernehmung des Beschuldigten.

171. Beschuldigte, welche zu den Personen des

Soldatenstandes des aktiven Heeres oder der aktiven Marine gehören, sind zu ihrer Vernehmung zu gestellen.

Verhaftete Beschuldigte sind vorzuführen.

172. Beschuldigte, die nicht zu den im §. 171 bezeichneten Personen gehören, sind zu ihrer Vernehmung schriftlich zu laden.

Die Ladung kann unter der Androhung geschehen, daß im Falle des Ausbleibens die Vorführung erfolgen werde.

Die Vorführung ohne vorgängige Ladung kann verfügt werden, wenn Gründe vorliegen, welche die Untersuchungshaft rechtfertigen würden. Die Anordnung einer Vorführung ohne vorgängige Ladung steht dem Gerichtsherrn, bei Gefahr im Verzug auch dem Untersuchungsführer zu.

In dem Vorführungsbefehl ist der Beschuldigte genau zu bezeichnen und die ihm zur Last gelegte strafbare Handlung, sowie der Grund der Vorführung anzugeben.

Der Vorgeführte ist sofort durch den Untersuchungsführer zu vernehmen. Ist dies nicht ausführbar, so kann er bis zu seiner Vernehmung, jedoch nicht über den nächstfolgenden Tag hinaus, festgehalten werden.

173. Der Beschuldigte ist in dem Ermittelungsverfahren zu vernehmen, auch wenn er schon früher gehört worden ist.

Bei Beginn der ersten Vernehmung ist dem Beschuldigten zu eröffnen, welche strafbare Handlung ihm zur Last gelegt wird.

Die Vernehmung soll dem Beschuldigten Gelegenheit zur Beseitigung der gegen ihn vorliegenden Verdachtsgründe und zur Geltendmachung der zu seinen Gunsten sprechenden Thatsachen geben.

Bei der ersten Vernehmung des Beschuldigten ist zugleich auf die Ermittelung seiner persönlichen Verhältnisse Bedacht zu nehmen.

Den Abschluß des Ermittelungsverfahrens (§. 168) bildet die Vernehmung des Beschuldigten über das Ergebniß der Ermittelungen.

II. Einstweilige Enthebung vom Dienste. Verhaftung und vorläufige Festnahme.

174. Dem Gerichtsherrn steht die Verfügung darüber zu, inwieweit ein Beschuldigter, welcher zu den Personen des Soldatenstandes gehört, aus Anlaß des eingeleiteten gerichtlichen Verfahrens einstweilen des militärischen Dienstes zu entheben sei. Die Verfügung ist vom Gerichtsherrn allein zu erlassen.

Die Befugniß der vorgesetzten Dienstbehörde zur vorläufigen Anordnung der Dienstenthebung wird durch Vorstehendes nicht berührt.

175. Darüber, ob ein Beschuldigter in Untersuchungshaft zu nehmen ist, entscheidet der Gerichtsherr. Der Haftbefehl ist von ihm allein zu erlassen.

Gegen die Verfügung der Untersuchungshaft findet die Rechtsbeschwerde an den höheren Gerichtsherrn statt.

176. Die Untersuchungshaft ist zulässig, wenn

dringende Verdachtsgründe gegen den Beschuldigten vorhanden sind und entweder

1. ein Verbrechen den Gegenstand der Untersuchung bildet, oder
2. der Beschuldigte der Flucht verdächtig ist, oder
3. die Aufrechterhaltung der militärischen Disziplin die Verhaftung erfordert, oder
4. Thatsachen vorliegen, aus denen zu schließen ist, daß der Beschuldigte Spuren der That vernichten, oder daß er Zeugen oder Mitschuldige zu einer falschen Aussage, oder Zeugen dazu verleiten werde, sich der Zeugnißpflicht zu entziehen, oder daß er seine Freiheit zur Begehung neuer strafbarer Handlungen mißbrauchen werde. Diese Thatsachen sind aktenkundig zu machen.

177. Der Verhaftete muß spätestens am Tage nach seiner Einlieferung in das Gefängniß über den Gegenstand der Beschuldigung gehört werden. Dabei ist ihm zu eröffnen, daß ihm die Rechtsbeschwerde (§. 175 Absatz 2) gegen den Haftbefehl zusteht.

178. Der Verhaftete soll, soweit möglich, von Anderen gesondert und nicht in demselben Raume mit Strafgefangenen verwahrt werden.

Dem Verhafteten dürfen nur solche Beschränkungen auferlegt werden, welche zur Sicherung des Zweckes der Haft oder zur Aufrechthaltung der Ordnung im Gefängnisse nothwendig sind.

Bequemlichkeiten und Beschäftigungen, die der Dienststellung oder dem Stande und den Vermögensverhältnissen des Verhafteten entsprechen, darf er sich auf seine Kosten verschaffen, soweit sie mit dem Zwecke der Haft vereinbar sind und weder die Ordnung im Gefängnisse stören, noch die Sicherheit gefährden. Mit dieser Maßgabe darf Lesen und Beschäftigung mit schriftlichen Arbeiten dem Verhafteten nicht untersagt werden.

Fesseln dürfen im Gefängnisse dem Verhafteten nur dann angelegt werden, wenn dies wegen besonderer Gefährlichkeit seiner Person, namentlich zur Sicherung Anderer erforderlich erscheint, oder wenn der Verhaftete einen Selbstentleibungs- oder Entweichungsversuch gemacht oder vorbereitet hat. Bei der Hauptverhandlung soll er ungefesselt sein.

179. Die Untersuchungshaft ist aufzuheben, wenn ein Grund zur Verhaftung nicht mehr besteht oder wenn der Beschuldigte freigesprochen oder außer Verfolgung gesetzt wird. Das Gleiche gilt, wenn die Verurtheilung auf Geldstrafe lautet oder, sofern besondere Umstände nicht entgegenstehen, wenn die erkannte Freiheitsstrafe die Dauer von sechs Wochen nicht übersteigt.

Durch Einlegung eines Rechtsmittels darf die Freilassung des Angeklagten nicht verzögert werden. Auf Grund neuer Verdachtsgründe oder Beweismittel kann der höhere Gerichtsherr gegen den Angeklagten einen neuen Haftbefehl erlassen.

180. Die Befugniß zur vorläufigen Festnahme steht zu:

den militärischen Vorgesetzten den militärischen

Wachen und dem Untersuchungsführer, wenn die Voraussetzungen der Untersuchungshaft vorliegen;

den Polizei- und Sicherheitsbeamten in den Fällen des §. 176 Nr. 1, 2, 4, wenn Gefahr im Verzug und ein militärischer Vorgesetzter des Beschuldigten oder eine militärische Wache nicht erreichbar ist.

Wird eine der Militärstrafgerichtsbarkeit unterstellte Person bei Verübung eines Verbrechens oder Vergehens auf frischer That betroffen oder verfolgt, so kann, wenn sie der Flucht verdächtig oder ihre Persönlichkeit nicht sofort feststellbar ist, die vorläufige Festnahme durch Jedermann geschehen.

Bei einem im Offiziersrange stehenden und in entsprechender Uniform befindlichen Angehörigen der bewaffneten Macht ist die Annahme ausgeschlossen, daß er der Flucht verdächtig sei, oder daß seine Persönlichkeit nicht sofort festgestellt werden könne, es sei denn, daß er bei der Begehung eines Verbrechens auf frischer That betroffen oder verfolgt wird.

181. Der Festgenommene ist unverzüglich, sofern er nicht wieder in Freiheit gesetzt wird, an die nächste Militärbehörde abzuliefern. Diese hat den Festgenommenen sofort zu vernehmen und, sofern sie nicht die Freilassung verfügt, dem zuständigen Gerichtsherrn zu überweisen.

182. Bei strafbaren Handlungen, deren Verfolgung

nur auf Antrag eintritt, ist weder die vorläufige Festnahme, noch die Verhaftung von der Stellung eines solchen Antrags abhängig.

Ist die Verhaftung vor der Stellung des Antrags erfolgt, so ist der Antragsberechtigte, von mehreren wenigstens einer, sofort von der Verhaftung in Kenntniß zu setzen. Die Freilassung muß erfolgen, wenn nicht spätestens binnen einer Woche seit der Verhaftung ein Strafantrag eingegangen ist.

183. Steckbriefe können von dem Gerichtsherrn erlassen werden, wenn die Voraussetzungen der Untersuchungshaft vorliegen und der zu Verhaftende flüchtig ist oder sich verborgen hält.

Andere Militärbehörden sind zur Erlassung eines Steckbriefs befugt, wenn der Beschuldigte aus dem Gefängniß entweicht oder sonst der Bewachung sich entzieht oder der Fahnenflucht verdächtig ist.

Der Steckbrief soll, soweit dies möglich, eine Beschreibung des zu Verhaftenden enthalten und die demselben zur Last gelegte strafbare Handlung, sowie die Behörde bezeichnen, an welche die Ablieferung zu erfolgen hat.

Die Bekanntmachung des Steckbriefs kann außer durch öffentliche Blätter auch durch öffentlichen Anschlag im Heimathsorte, Wohnort oder gewöhnlichen Aufenthaltsorte des zu Verhaftenden erfolgen.

184. Ist Jemand in Folge Haftbefehls (§. 175) oder auf Grund eines Steckbriefs (§. 183) ergriffen worden, und kann er nicht spätestens am Tage nach der Ergreifung bestimmungsgemäß abgeliefert werden, so ist er auf sein Verlangen sofort der nächsten Militärbehörde vorzuführen und von dieser unverzüglich zu vernehmen. Weist er bei der Vernehmung nach, daß er nicht die verfolgte Person, oder daß die Verfolgung durch die zuständige Behörde wieder aufgehoben sei, so hat die Militärbehörde seine Freilassung zu verfügen.

III. Vernehmung von Zeugen.

185. Die Gestellung von Zeugen, welche Personen des Soldatenstandes des aktiven Heeres oder der aktiven Marine sind, erfolgt durch dienstliche Anordnung.

Anderen Personen ist, sofern nicht ein sonstiger Weg zweckdienlich erscheint, eine Ladung zuzustellen. In der Ladung ist auf die gesetzlichen Folgen des Ausbleibens hinzuweisen.

186. Ein durch Zustellung geladener Zeuge (§. 185 Absatz 2) ist, wenn er nicht erscheint, in die durch das Ausbleiben verursachten Kosten, sowie zu einer Geldstrafe bis zu dreihundert Mark, und für den Fall, daß diese nicht beigetrieben werden kann, zur Strafe der Haft bis zu sechs Wochen zu verurtheilen. Auch ist die zwangsweise Vorführung des Zeugen zulässig. Bleibt der Zeuge bei nochmaliger Vorladung in demselben Ermittelungsverfahren abermals aus, so kann derselbe noch einmal in Strafe und Kosten verurtheilt werden.

Die Verurtheilung in Strafe und Kosten unterbleibt, wenn das Ausbleiben des Zeugen genügend entschuldigt ist. Erfolgt nachträglich genügende Entschuldigung, so werden die gegen den Zeugen getroffenen Anordnungen wieder aufgehoben.

Die Befugniß zu den im ersten Absatze bezeichneten Maßregeln steht hinsichtlich der im §. 1 bezeichneten Personen, soweit sie zu laden sind (§. 185 Absatz 2), dem Gerichtsherrn zu.

Hinsichtlich anderer Personen erfolgt die Festsetzung und die Vollstreckung dieser Maßregeln auf Ersuchen durch den Amtsrichter, in dessen Bezirke der Zeuge seinen Wohnsitz oder in Ermangelung eines solchen seinen gewöhnlichen Aufenthaltsort hat. Die Vorführung des Zeugen ist durch Ersuchen der Staatsanwaltschaft oder der Polizeibehörde zu bewirken.

187. Zur Verweigerung des Zeugnisses sind berechtigt:
1. der Verlobte des Beschuldigten;
2. der Ehegatte des Beschuldigten, auch wenn die Ehe nicht mehr besteht;
3. diejenigen, welche mit dem Beschuldigten in gerader Linie verwandt, verschwägert oder durch Annahme an Kindesstatt verbunden oder in der Seitenlinie bis zum dritten Grade verwandt oder bis zum zweiten Grade verschwägert sind, auch wenn die Ehe, durch welche die Schwägerschaft begründet ist, nicht mehr besteht.

Die bezeichneten Personen sind vor jeder Vernehmung über ihr Recht zur Verweigerung des Zeugnisses zu belehren. Sie können den Verzicht auf dieses Recht auch während der Vernehmung widerrufen.

188. Zur Verweigerung des Zeugnisses sind ferner berechtigt:

1. Geistliche in Ansehung desjenigen, was ihnen bei Ausübung der Seelsorge anvertraut ist;
2. Vertheidiger in Ansehung desjenigen, was ihnen in dieser ihrer Eigenschaft anvertraut ist;
3. Rechtsanwälte und Aerzte in Ansehung desjenigen, was ihnen bei Ausübung ihres Berufs anvertraut ist.

Die unter Nr. 2 und 3 bezeichneten Personen dürfen das Zeugniß nicht verweigern, wenn sie von der Verpflichtung zur Verschwiegenheit entbunden sind.

189. Oeffentliche Beamte und Personen des Soldatenstandes, auch wenn sie nicht mehr im Dienste sind, dürfen über Umstände, auf welche sich ihre Pflicht zur Dienstverschwiegenheit bezieht, als Zeugen nur mit Genehmigung ihrer vorgesetzten Dienstbehörde oder der ihnen zuletzt vorgesetzt gewesenen Dienstbehörde vernommen werden. Für den Reichskanzler bedarf es der Genehmigung des Kaisers, für die Minister der Genehmigung des Landesherrn, für die Mitglieder der Senate der freien Hansestädte der Genehmigung des Senats.

Die Genehmigung darf nur versagt werden, wenn die Ablegung des Zeugnisses dem Wohle des Reichs oder eines Bundesstaats Nachtheil bereiten würde.

190. Jeder Zeuge kann die Auskunft auf solche Fragen verweigern, deren Beantwortung ihm selbst oder einem der im §. 187 Nr. 1 bis 3 bezeichneten Angehörigen die Gefahr strafgerichtlicher Verfolgung zuziehen würde.

191. Die Thatsache, auf welche der Zeuge die Verweigerung des Zeugnisses in den Fällen der §§. 187, 188 Nr. 2, 3 stützt, sowie die Behauptung des Zeugen in dem Falle des §. 190 sind auf Verlangen glaubhaft zu machen. Es genügt die Versicherung an Eidesstatt.

192. Jeder Zeuge ist einzeln und in Abwesenheit der später abzuhörenden Zeugen zu vernehmen.

Eine Gegenüberstellung mit anderen Zeugen oder mit dem Beschuldigten ist zulässig.

193. Die Vernehmung beginnt damit, daß der Zeuge über Vornamen und Zunamen, Alter, Religionsbekenntniß, Stand oder Gewerbe und Wohnort befragt wird. Erforderlichen Falles sind dem Zeugen Fragen über solche Umstände, welche seine Glaubwürdigkeit in der vorliegenden Sache betreffen, insbesondere über seine Beziehungen zu dem Beschuldigten oder dem Verletzten, vorzulegen.

194. Der Zeuge ist zu veranlassen, dasjenige, was ihm von dem Gegenstande seiner Vernehmung bekannt ist, im Zusammenhang anzugeben. Vor seiner Vernehmung ist dem Zeugen der Gegenstand der Untersuchung und die Person des Beschuldigten, sofern ein solcher vorhanden ist, zu bezeichnen.

Zur Aufklärung und zur Vervollständigung der Aussage, sowie zur Erforschung des Grundes, auf welchem die Wissenschaft des Zeugen beruht, sind nöthigenfalls weitere Fragen zu stellen.

195. Die Beeidigung der Zeugen bleibt der Regel nach bis zur Hauptverhandlung ausgesetzt.

Sie hat jedoch schon in dem Ermittelungsverfahren zu erfolgen, wenn die Beeidigung als Mittel zur Herbeiführung einer wahrheitsgetreuen Aussage über eine Thatsache, von der die Erhebung der Anklage abhängig ist, erforderlich erscheint. Das Gleiche gilt für den Fall, daß der Zeuge voraussichtlich am Erscheinen in der Hauptverhandlung verhindert oder sein Erscheinen wegen großer Entfernung besonders erschwert sein wird, sofern seine Aussage nicht für die Feststellung des Thatbestandes bedeutungslos erscheint.

196. Die Zeugen sind nach der Vernehmung und einzeln zu beeidigen. Sie sind vor der Leistung des Eides in angemessener Weise auf die Bedeutung und die Heiligkeit desselben hinzuweisen.

197. Der von dem Zeugen unter Erhebung der rechten Hand zu leistende Eid lautet:

> „Ich schwöre bei Gott dem Allmächtigen und Allwissenden, daß ich nach bestem Wissen und Gewissen die reine Wahrheit gesagt, nichts verschwiegen und nichts hinzugesetzt habe. So wahr mir Gott helfe."

Die Bestimmung des §. 42 Absatz 8 findet Anwendung.

Der Eid wird mittelst Nachsprechens oder Ablesens der die Eidesnorm enthaltenden Eidesformel geleistet.

Stumme, welche schreiben können, leisten den Eid mittels Abschreibens und Unterschreibens der Eidesformel.

Stumme, welche nicht schreiben können, leisten den Eid mit Hilfe eines Dolmetschers durch Zeichen.

198. Der Eidesleistung wird gleich geachtet, wenn ein Mitglied einer Religionsgesellschaft, welcher das Gesetz den Gebrauch gewisser Betheurungsformeln an Stelle des Eides gestattet, eine Erklärung unter der Betheurungsformel dieser Religionsgesellschaft abgiebt.

199. Nicht zu beeidigen sind:

1. Personen, welche zur Zeit der Vernehmung das sechszehnte Lebensjahr noch nicht vollendet, oder wegen mangelnder Verstandesreife oder wegen Verstandesschwäche von dem Wesen und der Bedeutung des Eides keine genügende Vorstellung haben;
2. Personen, welche nach den Bestimmungen der Strafgesetze unfähig sind, als Zeugen eidlich vernommen zu werden;
3. Personen, welche hinsichtlich der den Gegenstand der Untersuchung bildenden That als Theilnehmer, Begünstiger oder Hehler verdächtig oder bereits verurtheilt sind.

200. Hat eine Vernehmung von Personen stattgefunden, welche nach §. 187 zur Verweigerung des Zeugnisses berechtigt sind, so hängt es von dem richterlichen Ermessen ab, ob sie unbeeidigt zu lassen oder zu beeidigen sind.

Dieselben können auch nach der Vernehmung die Beeidigung des Zeugnisses verweigern und sind über dieses Recht zu belehren.

201. Wird ein eidlich vernommener Zeuge in derselben Strafsache nochmals vernommen, so ist es zulässig, statt der nochmaligen Beeidigung den Zeugen die Richtigkeit seiner Aussage unter Berufung auf den früher geleisteten Eid versichern zu lassen.

202. Personen des Soldatenstandes des aktiven Heeres oder der aktiven Marine, welche die Ablegung des Zeugnisses oder die Eidesleistung ohne gesetzlichen Grund verweigern, sind disziplinarisch mit Arrest zu bestrafen.

Die Bestrafung kann wiederholt werden, jedoch nicht über die Zeit der Beendigung des Verfahrens in der Instanz, auch nicht über die Zeit von sechs Monaten, und bei Uebertretungen nicht über die Zeit von sechs Wochen hinaus.

Die Bestrafung erfolgt, sofern nicht der Gerichtsherr zugleich der Disziplinarvorgesetzte ist, auf dessen Ersuchen durch den betreffenden Disziplinarvorgesetzten.

Der ersuchten Stelle steht eine Nachprüfung, ob die Verweigerung des Zeugnisses ohne gesetzlichen Grund erfolgt ist, nicht zu.

203. Ein Zeuge, welcher nicht zu den im §. 202 bezeichneten Personen gehört, ist, wenn er ohne gesetzlichen Grund das Zeugniß oder die Eidesleistung verweigert, in die durch die Weigerung verursachten Kosten, sowie zu einer Geldstrafe bis zu dreihundert Mark und für den Fall, daß diese nicht beigetrieben werden kann, zur Strafe der Haft bis zu sechs Wochen zu verurtheilen.

Auch kann zur Erzwingung des Zeugnisses oder der Beeidigung die Haft angeordnet werden, jedoch nicht über die Zeit der Beendigung des Verfahrens in der Instanz, auch nicht über die Zeit von sechs Monaten, und bei Uebertretungen nicht über die Zeit von sechs Wochen hinaus.

Die Bestimmungen des §. 186 Absatz 3 und 4 finden entsprechende Anwendung.

Sind die Maßregeln gegen den Zeugen erschöpft, so können sie in demselben oder in einem anderen Verfahren, welches dieselbe That zum Gegenstande hat, nicht wiederholt werden.

204. Soweit die Verhängung der in den §§. 186 und 203 gedachten Maßregeln vom Gerichtsherrn verfügt ist, findet die Rechtsbeschwerde an das obere Gericht statt.

Gegen die Verfügungen des Amtsrichters ist die Beschwerde nach den Vorschriften der bürgerlichen Strafprozeßordnung zulässig.

205. Die Gebührenansprüche der auf Bestellung oder Ladung erschienenen Zeugen, welche nicht zu den aktiven Militärpersonen gehören, regeln sich nach der allgemeinen Gebührenordnung für Zeugen. Gegen die Festsetzung der Gebühren findet die Rechtsbeschwerde an das obere Gericht statt.

Hinsichtlich der aktiven Militärpersonen zukommenden Gebühren wird im Verwaltungswege Bestimmung getroffen.

206. Die Landesherren und die Mitglieder der landesherrlichen Familien, die Mitglieder der Fürstlichen Familie Hohenzollern, sowie die Mitglieder des vormaligen Hannoverschen Königshauses, des vormaligen Kurhessischen und des vormaligen Herzoglich Nassauischen Fürstenhauses sind in ihrer Wohnung zu vernehmen.

Den Eid leisten dieselben mittels Unterschreibens der Eidesformel.

Zur Hauptverhandlung werden sie nicht geladen. Das Protokoll über ihre gerichtliche Vernehmung ist in der Hauptverhandlung zu verlesen.

207. Der Reichskanzler, die Minister eines Bundesstaats, die Mitglieder der Senate der freien Hansestädte, die Vorstände der obersten Reichsbehörden und die Vorstände der Ministerien sind an ihrem Amtssitz oder, wenn sie sich außerhalb desselben aufhalten, an ihrem Aufenthaltsorte zu vernehmen.

Die Mitglieder des Bundesraths sind während ihres Aufenthalts am Sitze des Bundesraths an diesem Sitze, und die Mitglieder einer deutschen gesetzgebenden Versammlung während der Sitzungsperiode und ihres Aufenthalts am Orte der Versammlung an diesem Orte zu vernehmen.

Die kommandirenden Generale (Admirale), sowie die im Range derselben oder in einem höheren Range stehenden Offiziere sind an ihrem Aufenthaltsorte zu vernehmen,

Zu einer Abweichung von den vorstehenden Bestimmungen bedarf es:

in Betreff des Reichskanzlers und der im dritten Absatze bezeichneten Admirale der Genehmigung des Kaisers,

in Betreff der im dritten Absatze bezeichneten Generale der Genehmigung des zuständigen Kontingentsherrn,

in Betreff der Minister und der Mitglieder des Bundesraths der Genehmigung des Landesherrn,

in Betreff der Mitglieder der Senate der freien Hansestädte der Genehmigung des Senats,

in Betreff der übrigen vorbezeichneten Beamten der Genehmigung ihres unmittelbaren Vorgesetzten,

in Betreff der Mitglieder einer gesetzgebenden Versammlung der Genehmigung der letzteren.

IV. Zuziehung von Sachverständigen.

208. Auf Sachverständige finden die auf Zeugen bezüglichen Vorschriften der §§. 185 bis 207 entsprechende Anwendung, insoweit nicht in den nachfolgenden Paragraphen abweichende Bestimmungen getroffen sind.

Die Gebührenansprüche der nicht zu den aktiven Militärpersonen gehörenden Sachverständigen regeln sich nach der allgemeinen Gebührenordnung für Sachverständige. Im Uebrigen findet der §. 205 Anwendung.

209. Die Auswahl der zuzuziehenden Sachverständigen und die Bestimmung ihrer Anzahl erfolgt durch den Gerichtsherrn, in dringlichen Fällen durch den Untersuchungsführer. Die Auswahl darf auch einer anderen Behörde im Wege des Ersuchens überlassen werden.

Sind für gewisse Arten von Gutachten Sachverständige öffentlich bestellt, so sollen andere Personen nur dann gewählt werden, wenn besondere Umstände es erfordern.

210. Auf die Ausschließung und Ablehnung von Sachverständigen finden die Bestimmungen des §. 122 Nr. 1 bis 4, sowie der §§. 124, 126, 130 Absatz 2 bis 4, §§. 131, 133, 134 entsprechende Anwendung.

211. Der zum Sachverständigen Ernannte hat der Ernennung Folge zu leisten, wenn er zur Erstattung von Gutachten der erforderten Art öffentlich bestellt ist, oder wenn er die Wissenschaft, die Kunst oder das Gewerbe, deren Kenntniß Voraussetzung der Begutachtung ist, öffentlich zum Erwerb ausübt, oder wenn er zur Ausübung derselben öffentlich bestellt oder ermächtigt ist.

Zur Erstattung des Gutachtens ist auch derjenige verpflichtet, welcher sich dazu vor Gericht bereit erklärt hat.

212. Dieselben Gründe, welche einen Zeugen berechtigen, das Zeugniß zu verweigern, berechtigen einen Sachverständigen zur Verweigerung des Gutachtens. Auch aus anderen Gründen kann ein Sachverständiger von der Verpflichtung zur Erstattung des Gutachtens entbunden werden.

Die Vernehmung eines öffentlichen Beamten oder einer Person des Soldatenstandes als Sachverständigen findet nicht statt, wenn die vorgesetzte Behörde erklärt, daß die Vernehmung den dienstlichen Interessen Nachtheile bereiten würde.

213. Im Falle des Nichterscheinens oder der Weigerung eines zur Erstattung des Gutachtens verpflichteten Sachverständigen, welcher nicht zu den Personen des Soldatenstandes des aktiven Heeres oder der aktiven Marine gehört, wird der Sachverständige zum Ersatze der Kosten und zu einer Geldstrafe bis zu dreihundert Mark verurtheilt. Im Falle wiederholten Ungehorsams kann noch einmal auf eine Geldstrafe bis zu sechshundert Mark erkannt werden.

214. Der mit der gerichtlichen Vernehmung des Sachverständigen befaßte Untersuchungsführer hat, soweit ihm dies erforderlich erscheint, die Thätigkeit des Sachverständigen zu leiten.

215. Der Sachverständige hat nach Erstattung des Gutachtens einen Eid dahin zu leisten:

> daß er das von ihm erforderte Gutachten unparteiisch und nach bestem Wissen und Gewissen erstattet habe.

Ist der Sachverständige für Erstattung von Gutachten der betreffenden Art im Allgemeinen beeidigt, so genügt die Berufung auf den geleisteten Eid.

216. Dem Sachverständigen kann auf sein Verlangen zur Vorbereitung des Gutachtens durch Vernehmung von Zeugen oder des Beschuldigten weitere Aufklärung verschafft werden.

Zu demselben Zwecke kann ihm gestattet werden, die

Akten einzusehen, der Vernehmung von Zeugen oder des Beschuldigten beizuwohnen und an dieselben unmittelbar Fragen zu stellen.

Die Vorschrift des §. 192 findet auf Sachverständige keine Anwendung.

Es kann angeordnet werden, daß der Sachverständige sein Gutachten schriftlich erstatte.

217. Zur Vorbereitung eines Gutachtens über den Geisteszustand eines Beschuldigten, gegen welchen die Anklage erhoben ist, kann der Gerichtsherr auf Antrag eines Sachverständigen nach Anhörung des Vertheidigers anordnen, daß der Angeklagte in eine öffentliche Irrenanstalt gebracht und dort beobachtet werde.

Hat der Angeklagte keinen Vertheidiger, so ist ihm ein solcher zu bestellen.

Die im Absatz 1 bezeichnete Anordnung ist dem Angeklagten und dem Vertheidiger bekannt zu machen. Gegen die Anordnung findet binnen der Frist von einer Woche die Rechtsbeschwerde an den höheren Gerichtsherrn statt. Dieselbe hat aufschiebende Wirkung.

Die Verwahrung in der Anstalt darf die Dauer von sechs Wochen nicht übersteigen.

218. Wird ein Gutachten als ungenügend befunden, so kann eine neue Begutachtung durch dieselben oder durch andere Sachverständige angeordnet werden.

Auch kann die Begutachtung durch einen anderen Sachverständigen angeordnet werden, wenn ein Sachverständiger nach Erstattung des Gutachtens mit Erfolg abgelehnt ist.

In wichtigeren Fällen kann das Gutachten einer Fachbehörde eingeholt werden.

219. Bei Münzverbrechen und Münzvergehen sind die Münzen oder Papiere erforderlichen Falles derjenigen Behörde vorzulegen, von welcher echte Münzen oder Papiere dieser Art in Umlauf gesetzt werden. Das Gutachten dieser Behörde ist über die Unechtheit oder Verfälschung sowie darüber einzuholen, in welcher Art die Fälschung muthmaßlich begangen worden sei.

Handelt es sich um ausländische Münzen oder Papiere, so kann an Stelle des Gutachtens der ausländischen Behörde dasjenige einer deutschen erfordert werden.

220. Zur Ermittelung der Echtheit oder Unechtheit eines Schriftstücks, sowie zur Ermittelung des Urhebers desselben kann eine Schriftvergleichung unter Zuziehung von Sachverständigen vorgenommen werden.

221. Insoweit zum Beweise vergangener Thatsachen oder Zustände, zu deren Wahrnehmung eine besondere Sachkunde erforderlich war, sachkundige Personen zu vernehmen sind, kommen die Vorschriften über den Zeugenbeweis zur Anwendung.

V. Einnahme des Augenscheins. Leichenschau, Leichenöffnung.

222. Findet die Einnahme eines Augenscheins statt, so ist im Protokolle der vorgefundene Sachbestand festzustellen und darüber Auskunft zu geben, welche Spuren oder Merkmale, deren Vorhandensein nach der besonderen

Beschaffenheit des Falles vermuthet werden konnte, gefehlt haben.

Findet die Einnahme eines Augenscheins unter Zuziehung von Sachverständigen statt, so kann der Beschuldigte beantragen, daß die von ihm für die Hauptverhandlung in Vorschlag zu bringenden Sachverständigen zu dem Termine geladen werden und, wenn der Antrag abgelehnt wird, sofern dieselben nicht zu den Personen des aktiven Heeres und der aktiven Marine gehören, deren Zuziehung auf seine Kosten verlangen. In letzterem Falle wird die Gestellung oder Ladung durch den Untersuchungsführer veranlaßt, sobald der erforderliche Betrag der gesetzlichen Entschädigung für Reisekosten und Versäumniß bei der Militärgerichtsschreiberei hinterlegt wird.

Den vom Beschuldigten benannten Sachverständigen ist die Theilnahme am Augenschein und an den erforderlichen Untersuchungen insoweit zu gestatten, als dadurch die Thätigkeit der amtlich bestellten Sachverständigen nicht behindert wird.

Die Bestimmungen der Absätze 2 und 3 finden im Felde und an Bord keine Anwendung.

223. Ist der Tod einer Militärperson nicht auf natürlichem Wege erfolgt, so hat der Gerichtsherr, in dringenden Fällen jeder militärische Befehlshaber, welcher die Anzeige oder Meldung von dem Todesfall erhält, die Leichenschau durch einen Kriegsgerichtsrath oder in Ermangelung eines solchen durch den zunächst erreichbaren Amtsrichter zu veranlassen.

Ist nach den bekannt gewordenen Thatsachen die Annahme begründet, daß der Tod durch Selbstmord, durch einen Unfall oder sonst ohne Verschulden eines Anderen herbeigeführt ist, so bedarf es der Zuziehung eines Arztes zur Leichenschau nicht.

Die Umstände, unter denen die Leiche gefunden und der Tod erfolgt ist, sind sorgfältig zu untersuchen und zu Protokoll zu verzeichnen. In allen Fällen des Selbstmordes sind die Beweggründe thunlichst aufzuklären.

224. Ergiebt sich der Verdacht, daß der Tod durch die strafbare Handlung eines Anderen herbeigeführt sei, so ist zur Leichenschau ein Militärarzt oder, wenn ein solcher nicht erreichbar, ein als Sachverständiger zu beeidigender anderer Arzt zuzuziehen.

Erscheint der Verdacht nach der Leichenschau in Verbindung mit den sonst ermittelten Thatsachen nicht als beseitigt, so ist die Leichenöffnung im Beisein des Kriegsgerichtsraths oder Amtsrichters und des Gerichtsschreibers von zwei Aerzten, und zwar thunlichst Militärärzten, vorzunehmen. In allen Fällen soll einer der Aerzte ein Militärarzt mindestens vom Range eines Stabsarztes oder ein Gerichtsarzt sein. Demjenigen Arzte, welcher den Verstorbenen in der dem Tode unmittelbar vorausgegangenen Krankheit behandelt hat, ist die Leichenöffnung nicht zu übertragen. Derselbe kann jedoch aufgefordert werden, der Leichenöffnung anzuwohnen, um aus der Krankheitsgeschichte Aufschlüsse zu geben.

Im Felde und an Bord genügt es, wenn die Leichenöffnung lediglich von einem Militärarzte vorgenommen wird. Die Einschränkungen des zweiten Absatzes finden keine Anwendung.

225. Behufs der Besichtigung oder Oeffnung einer schon beerdigten Leiche ist ihre Ausgrabung statthaft.

226. Vor der Leichenöffnung ist, wenn nicht besondere Hindernisse entgegenstehen, die Persönlichkeit des Verstorbenen, insbesondere durch Befragung von Personen, welche den Verstorbenen gekannt haben, festzustellen. Ist ein Beschuldigter vorhanden, so ist ihm die Leiche, sofern dies ausführbar, zur Anerkennung vorzuzeigen.

227. Die Leichenöffnung muß sich, soweit der Zustand der Leiche dies gestattet, stets auf die Oeffnung der Kopf-, Brust- und Bauchhöhle erstrecken.

Bei Oeffnung der Leiche eines neugeborenen Kindes ist die Untersuchung insbesondere auch darauf zu richten, ob dasselbe nach oder während der Geburt gelebt habe und ob es reif oder wenigstens fähig gewesen sei, das Leben außerhalb des Mutterleibs fortzusetzen.

228. Liegt der Verdacht einer Vergiftung vor, so ist die Untersuchung der in der Leiche oder sonst gefundenen verdächtigen Stoffe durch einen Chemiker oder durch eine für solche Untersuchungen bestehende Fachbehörde vorzunehmen.

Erforderlichen Falles hat diese Untersuchung unter Mitwirkung oder Leitung eines Arztes stattzufinden.

VI. Beschlagnahme und Durchsuchung.

229. Gegenstände, welche als Beweismittel für die Untersuchung von Bedeutung sein können oder der Ein-

ziehung unterliegen, sind in Verwahrung zu nehmen oder in anderer Weise sicher zu stellen.

Befinden sich die Gegenstände in dem Gewahrsam einer Person und werden dieselben nicht freiwillig herausgegeben, so bedarf es der Beschlagnahme.

230. Wer einen Gegenstand der vorbezeichneten Art in seinem Gewahrsame hat, ist verpflichtet, denselben auf Erfordern vorzulegen und auszuliefern.

Er kann im Falle der Weigerung nach Maßgabe der Bestimmungen in den §§. 202 bis 204 hierzu angehalten werden. Gegen Personen, welche zur Verweigerung des Zeugnisses berechtigt sind, ist die Verhängung einer Strafe oder Zwangshaft ebenso wie die Verurtheilung zur Tragung der durch die Weigerung verursachten Kosten ausgeschlossen.

231. Die Vorlegung oder Auslieferung von Akten oder anderen in dienstlicher Verwahrung befindlichen Schriftstücken und Gegenständen durch Behörden, öffentliche Beamte oder Personen des Soldatenstandes darf nicht gefordert werden, wenn deren oberste Dienstbehörde erklärt, daß das Bekanntwerden dieser Gegenstände oder des Inhalts dieser Akten oder Schriftstücke dem Wohle des Reichs oder eines Bundesstaats Nachtheil bereiten würde.

232. Schriftliche Mittheilungen zwischen dem Beschuldigten und denjenigen Personen, die wegen ihres Verhältnisses zu ihm nach §§. 187, 188 zur Verweigerung des Zeugnisses berechtigt sind, unterliegen der Beschlagnahme nicht, falls sie sich in den Händen der letzteren

Personen befinden und diese nicht einer Theilnahme, Begünstigung oder Hehlerei verdächtig sind.

233. Zulässig ist die Beschlagnahme der an den Beschuldigten gerichteten Briefe und Sendungen auf der Post, sowie der an ihn gerichteten Telegramme auf den Telegraphenanstalten; desgleichen ist zulässig an den bezeichneten Orten die Beschlagnahme solcher Briefe, Sendungen und Telegramme, in Betreff derer Thatsachen vorliegen, aus welchen zu schließen ist, daß sie von dem Beschuldigten herrühren oder für ihn bestimmt sind, und daß ihr Inhalt für die Untersuchung Bedeutung habe.

234. Bei strafbaren Handlungen, deren Verfolgung nur auf Antrag eintritt, ist die Beschlagnahme auch vor Stellung des Antrags zulässig. Erfolgt die Beschlagnahme, bevor der Antrag gestellt ist, so ist der Antragsberechtigte, von mehreren wenigstens einer derselben, sofort von der Beschlagnahme in Kenntniß zu setzen. Die Beschlagnahme ist von Amtswegen wieder aufzuheben, wenn der Antrag nicht binnen einer Woche seit dem Vollzuge der Beschlagnahme gestellt ist.

235. Bei demjenigen, welcher als Thäter oder Theilnehmer einer strafbaren Handlung oder als Begünstiger oder als Hehler verdächtig ist, kann eine Durchsuchung seiner Person, der Wohnung und anderer Räume, sowie der ihm gehörigen Sachen, sowohl zum Zwecke seiner Ergreifung, als auch dann vorgenommen werden, wenn zu vermuthen ist, daß die Durchsuchung zur Auffindung von Beweismitteln oder Einziehungsstücken führen werde.

Bei anderen Personen sind nur Durchsuchungen der Wohnung und anderer Räume, sowie der ihnen gehörigen Sachen behufs der Ergreifung des Beschuldigten oder behufs der Verfolgung von Spuren einer strafbaren Handlung oder behufs der Beschlagnahme bestimmter Gegenstände und nur dann zulässig, wenn Thatsachen vorliegen, aus denen zu schließen ist, daß die gesuchte Person, Spur oder Sache sich in den zu durchsuchenden Räumen oder Gegenständen befinde. Diese Beschränkung findet keine Anwendung auf zum dienstlichen Gebrauch angewiesene Räume sowie auf Räume, in welchen der Beschuldigte ergriffen worden ist, oder welche er während der Verfolgung betreten hat.

236. Zur Nachtzeit dürfen die Wohnung, die Geschäftsräume und das befriedete Besitzthum ohne Einwilligung des berechtigten Inhabers nur bei Verfolgung auf frischer That oder bei Gefahr im Verzug oder dann durchsucht werden, wenn es sich um die Wiederergreifung eines entwichenen Gefangenen handelt.

Diese Beschränkung findet keine Anwendung auf die zum dienstlichen Gebrauch angewiesenen Räume.

Die Nachtzeit umfaßt in dem Zeitraume vom ersten April bis dreißigsten September die Stunden von neun Uhr Abends bis vier Uhr Morgens und in dem Zeitraume vom ersten Oktober bis einunddreißigsten März die Stunden von neun Uhr Abends bis sechs Uhr Morgens.

237. Findet eine Durchsuchung außerhalb der im §. 286 Absatz 2 bezeichneten Räume statt, so gelten folgende Bestimmungen:

Wird die Durchsuchung ohne Beisein des Untersuchungsführers oder eines Offiziers vorgenommen, so sind, wenn dies möglich ist, zwei Zeugen zuzuziehen. Der Inhaber der zu durchsuchenden Räume oder Gegenstände darf der Durchsuchung beiwohnen. Im Falle seiner Abwesenheit ist, wenn dies möglich ist, sein Vertreter oder ein erwachsener Angehöriger, Hausgenosse oder Nachbar zuzuziehen. Dem Inhaber oder der in dessen Abwesenheit zugezogenen Person ist in den Fällen des §. 235 Absatz 2 der Zweck der Durchsuchung vor dem Beginne bekannt zu machen.

Dem von der Durchsuchung Betroffenen ist nach deren Beendigung eine schriftliche Mittheilung zu machen, welche den Grund der Durchsuchung (§. 235 Absatz 1 und 2) sowie im Falle des §. 235 Absatz 1 die strafbare Handlung bezeichnen muß. Auch ist demselben auf Verlangen ein Verzeichniß der in Verwahrung oder Beschlag genommenen Gegenstände, falls aber nichts Verdächtiges gefunden wird, eine Bescheinigung hierüber zu geben.

Eine Durchsicht der Papiere des von der Durchsuchung Betroffenen steht nur dem Gerichtsherrn und dem Untersuchungsführer zu. Andere Personen sind zur Durchsicht der aufgefundenen Papiere nur dann befugt, wenn der Inhaber derselben die Durchsicht ausdrücklich genehmigt; mangels einer solchen Genehmigung haben sie die Papiere, deren Durchsicht sie für geboten erachten, in einem Umschlage, welcher in Gegenwart des Inhabers oder seines Vertreters zu versiegeln ist, an den Gerichtsherrn oder den Untersuchungsführer abzuliefern. Dem Inhaber der Papiere oder dessen Vertreter ist die Beidrückung seines Siegels gestattet, auch ist er, falls demnächst die Entsiegelung und Durchsicht der Papiere angeordnet wird, wenn dies möglich ist, aufzufordern, derselben beizuwohnen.

238. Die Anordnung von Beschlagnahmen und Durchsuchungen bei aktiven Militärpersonen steht dem Gerichtsherrn, bei Gefahr im Verzug, auch dem Untersuchungsführer zu. Das Gleiche gilt für die Fälle des §. 233, sofern der Beschuldigte zu den aktiven Militärpersonen gehört.

Den im Absatz 1 bezeichneten Personen ist auch außerhalb der Fälle des §. 237 auf Verlangen ein Verzeichniß der in Verwahrung oder Beschlag genommenen Gegenstände auszuhändigen.

Diese Bestimmungen finden auf die im §. 1 Nr. 3, 5, 6, 7 bezeichneten Personen Anwendung, solange sie der Militärstrafgerichtsbarkeit unterstellt sind.

Gegen die Anordnung der Beschlagnahme und Durchsuchung in anderen als den zum dienstlichen Gebrauch angewiesenen Räumen findet binnen drei Tagen vom Vollzug an die Rechtsbeschwerde an den höheren Gerichtsherrn statt.

239. Beschlagnahmen und Durchsuchungen in anderen als den im §. 238 bezeichneten Fällen erfolgen durch Ersuchen des Amtsgerichts.

Bei Gefahr im Verzuge kann das Ersuchen an die

Staatsanwaltschaft oder diejenigen Polizei- oder Sicherheitsbeamten gerichtet werden, welche als Hülfsbeamte der Staatsanwaltschaft den Anordnungen derselben Folge zu leisten haben.

Für die Befugniß der ersuchten Behörden und Beamten zur Anordnung von Beschlagnahmen und Durchsuchungen und das Verfahren bei dem Vollzuge der getroffenen Anordnung sind die Vorschriften der bürgerlichen Strafprozeßordnung maßgebend. In allen Fällen ist die Militärbehörde auf Verlangen zum Vollzuge zuzuziehen.

Im Felde und an Bord bleiben die vorstehenden Bestimmungen außer Anwendung. Für die Beschlagnahmen und Durchsuchungen gelten allgemein die Vorschriften des §. 238 Absatz 1 bis 8.

240. Werden bei Gelegenheit einer Durchsuchung Gegenstände gefunden, welche zwar in keiner Beziehung zu der Untersuchung stehen, aber auf die erfolgte Verübung einer anderen strafbaren Handlung hindeuten, so sind dieselben einstweilen in Beschlag zu nehmen. Der Militärbehörde oder der zuständigen Staatsanwaltschaft ist hiervon Kenntniß zu geben.

241. Die in Verwahrung oder in Beschlag genommenen Gegenstände sind genau zu verzeichnen und zur Verhütung von Verwechselungen durch amtliche Siegel oder in sonst geeigneter Weise kenntlich zu machen.

242. Gegenstände, welche durch die strafbare Handlung dem Verletzten entzogen wurden, sind, falls nicht Ansprüche Dritter entgegenstehen, nach Beendigung der Untersuchung und geeigneten Falles schon vorher von Amtswegen dem Verletzten zurückzugeben, ohne daß es eines Urtheils hierüber bedarf.

Dem Betheiligten bleibt die Geltendmachung seiner Rechte im Civilverfahren vorbehalten.

Dritter Abschnitt.

Abschluß des Ermittelungsverfahrens. Erhebung der Anklage.

243. Erachtet der Untersuchungsführer das Ermittelungsverfahren für abgeschlossen (§§. 168, 173 Absatz 5), so hat er unter Vorlegung der Akten dem Gerichtsherrn über das Ergebniß mündlich oder schriftlich Vortrag zu erstatten. Der von dem Untersuchungsführer gestellte Antrag ist zu den Akten zu bringen.

244. Der Gerichtsherr kann eine Vervollständigung des Ermittelungsverfahrens anordnen.

245. Auf Grund der Ergebnisse des Ermittelungsverfahrens hat der Gerichtsherr darüber zu befinden, ob der Beschuldigte außer Verfolgung zu setzen, oder ob gegen ihn einzuschreiten sei.

246. Wird die Verfolgung eingestellt, so ist der Beschuldigte hiervon in Kenntniß zu setzen, sofern er im Laufe des Ermittelungsverfahrens unter der Anschuldigung einer bestimmten strafbaren Handlung verantwortlich vernommen oder gegen ihn ein Steckbrief veröffentlicht worden war.

247. In allen Fällen, in denen die Einleitung eines Ermittelungsverfahrens abgelehnt oder die Einstellung verfügt wird, ist derjenige, welcher die Strafverfolgung beantragt hat, unter Angabe der Gründe zu bescheiden.

Ist der Antragsteller zugleich der Verletzte, so steht ihm gegen diesen Bescheid innerhalb einer Woche nach dessen Zustellung die Rechtsbeschwerde an den höheren Gerichtsherrn und gegen dessen ablehnenden Bescheid binnen vierzehn Tagen nach der Bekanntmachung der Antrag auf gerichtliche Entscheidung zu.

Der Antrag muß die Thatsachen, welche das strafrechtliche Einschreiten begründen sollen, sowie die Beweismittel angeben und bei dem für die Entscheidung zuständigen Gericht eingereicht werden.

Zur Entscheidung ist das Reichsmilitärgericht zuständig.

248. Ist der Antrag auf gerichtliche Entscheidung nicht in der gesetzlichen Frist oder Form, oder ohne Anführung von Thatsachen und Beweismitteln eingebracht, so ist derselbe vom Reichsmilitärgericht als unzulässig zu verwerfen.

Ist der Antrag rechtsgültig gestellt, so kann das Reichsmilitärgericht die Vorlegung der bisher geführten Verhandlungen verlangen, auch dem Beschuldigten den Antrag unter Bestimmung einer Frist zur Erklärung mittheilen.

Zur Vorbereitung der Entscheidung kann das Reichsmilitärgericht Ermittelungen durch einen Kriegsgerichtsrath oder Amtsrichter veranlassen.

Dem Antragsteller kann vor der Entscheidung über den Antrag die Leistung einer Sicherheit für die durch das Verfahren über den Antrag und durch die Untersuchung der Militärjustizverwaltung und dem Beschuldigten voraussichtlich erwachsenden Kosten durch Beschluß des Reichsmilitärgerichts auferlegt werden. Die Sicherheit ist bei der Gerichtsschreiberei des Reichsmilitärgerichts durch Hinterlegung in baarem Gelde oder in Werthpapieren zu leisten. Die Höhe der zu leistenden Sicherheit wird von dem Reichsmilitärgerichte nach freiem Ermessen festgesetzt. Dasselbe hat zugleich eine Frist zu bestimmen, binnen welcher die Sicherheit zu leisten ist. Wird die Sicherheit binnen der bestimmten Frist nicht geleistet, so hat das Reichsmilitärgericht den Antrag für zurückgenommen zu erklären.

249. Ergiebt sich kein genügender Anlaß zum strafrechtlichen Einschreiten, so verwirft das Reichsmilitärgericht den Antrag und setzt den Gerichtsherrn, dessen Bescheid angefochten worden ist, den Antragsteller und den Beschuldigten von der Verwerfung in Kenntniß. Ist der Antrag verworfen, so kann das strafrechtliche Einschreiten gegen den Beschuldigten nur auf Grund neuer Thatsachen oder Beweismittel wiederaufgenommen werden.

Wird der Antrag als unzulässig oder als unbegründet verworfen oder durch Verzicht oder Unterlassung der Sicherheitsleistung zurückgenommen, so sind dem Antragsteller die durch das Verfahren über den Antrag veranlaßten Kosten aufzuerlegen.

Erachtet dagegen das Reichsmilitärgericht den Antrag

für begründet, so beschließt es, daß ein strafrechtliches Einschreiten gegen den Beschuldigten stattzufinden habe. Auf Grund dieses Beschlusses hat der Gerichtsherr nach Maßgabe des §. 250 zu verfahren.

250. Liegt gegen den Beschuldigten hinreichender Verdacht einer strafbaren und militärgerichtlich verfolgbaren Handlung vor, so hat der Gerichtsherr, sofern nicht Disziplinarbestrafung eintritt (§. 3 des Einführungsgesetzes zum Militärstrafgesetzbuch) oder eine Strafverfügung erlassen wird, die Anklage zu verfügen oder die Sache an den zuständigen Gerichtsherrn abzugeben.

251. Ist der Beschuldigte einer strafbaren Handlung überführt, die nach §. 3 des Einführungsgesetzes zum Militärstrafgesetzbuch im Disziplinarwege geahndet werden kann, so hat der Gerichtsherr darüber zu befinden, ob eine solche Ahndung nach Lage der Sache für ausreichend zu erachten ist. In dieser Beziehung ist, wenn der Gerichtsherr nicht zugleich Disziplinarvorgesetzter des Beschuldigten ist, bei Meinungsverschiedenheit die Ansicht des Disziplinarvorgesetzten maßgebend (§. 157 Absatz 2).

Ist der Gerichtsherr zugleich der Disziplinarvorgesetzte, so hat er entweder die Disziplinarstrafe selbst zu verhängen oder die Verhängung derselben einem ihm unterstellten Disziplinarvorgesetzten des Beschuldigten zu überlassen.

252. Vor der Anklageverfügung wegen einer der im §. 158 bezeichneten strafbaren Handlungen ist, wenn sie gegen den Kaiser oder das Reich gerichtet ist, an den

Reichskanzler, in anderen Fällen an die oberste Militärjustizverwaltungsbehörde Bericht zu erstatten.

253. Fallen dem Beschuldigten nach dem Ergebnisse des Ermittelungsverfahrens mehrere strafbare Handlungen zur Last, und erscheint für die Strafzumessung die Feststellung des einen oder des anderen Straffalls unwesentlich, so kann der Gerichtsherr in Ansehung eines solchen bis zur rechtskräftigen Entscheidung über die anderen Fälle von einer Anklage absehen.

Im Felde und an Bord soll regelmäßig in dieser Weise verfahren werden.

Die Verfügung ist von dem Gerichtsherrn zu den Akten zu bringen.

Erachtet der Gerichtsherr nachträglich die weitere Anklage für geboten, so kann diese nur innerhalb eines Monats nach Rechtskraft des Urtheils erhoben werden.

254. Die Anklageverfügung des Gerichtsherrn (§. 250) hat die dem Beschuldigten zur Last gelegte That unter Hervorhebung ihrer gesetzlichen Merkmale und des anzuwendenden Strafgesetzes zu bezeichnen, sowie die Angabe zu enthalten, ob die Aburtheilung der Sache durch ein Standgericht oder durch ein Kriegsgericht erfolgt.

255. Die Anklageverfügung ist dem Beschuldigten gleichzeitig mit einer die Angabe der Beweismittel und die wesentlichen Ergebnisse der stattgehabten Ermittelungen enthaltenden Anklageschrift bekannt zu machen.

Die Anklageschrift ist in Sachen der niederen Gerichtsbarkeit von dem Gerichtsoffizier, in Sachen der höheren

Gerichtsbarkeit von dem Kriegsgerichtsrathe, welchen der Gerichtsherr mit der Vertretung der Anklage vor dem erkennenden Gerichte beauftragt, anzufertigen und zu unterzeichnen.

Im Felde und an Bord bedarf es der Anfertigung einer besonderen Anklageschrift nicht.

256. Die im §. 255 vorgeschriebene Bekanntmachung erfolgt an Beschuldigte, welche dem aktiven Heere oder der aktiven Marine angehören oder sich in Haft befinden, mündlich durch einen Gerichtsoffizier oder Kriegsgerichtsrath. Der Beschuldigte ist dabei aufzufordern, sich rechtzeitig zu erklären, ob und welche Anträge er in Bezug auf seine Vertheidigung zu stellen habe.

Die mündliche Bekanntmachung und Aufforderung kann auch durch Ersuchen eines Amtsrichters herbeigeführt werden.

Ueber die Bekanntmachung und die Aufforderung sowie über die von dem Beschuldigten abgegebene Erklärung ist ein Protokoll aufzunehmen.

In kriegsgerichtlichen Fällen soll dem Beschuldigten eine Abschrift der Anklageverfügung und der Anklageschrift mitgetheilt werden; dasselbe hat in standgerichtlichen Fällen auf Verlangen des Beschuldigten zu geschehen.

Ist der Beschuldigte verhaftet, so ist gleichzeitig dem Vertheidiger die Anklageverfügung und die Anklageschrift mitzutheilen. Im Felde und an Bord findet diese Bestimmung keine Anwendung.

257. Gehört der Beschuldigte nicht zu den im §. 256

Absatz 1 bezeichneten Personen, so erfolgt die Bekanntmachung und Aufforderung an ihn mündlich (§. 256) oder mittelst Zustellung (§§. 139, 142 ff.).

258. Mit der Bekanntmachung der Anklageverfügung an den Beschuldigten (§§. 256, 257) gilt die Anklage für erhoben.

259. Haben vor der Erhebung der Anklage oder der Zustellung der Strafverfügung Veränderungen in der persönlichen Dienststellung des Beschuldigten, insbesondere durch Versetzung, Beförderung oder in den Fällen des §. 29 durch Zurücknahme der Ueberweisung stattgefunden, in Folge deren der Beschuldigte unter die Gerichtsbarkeit eines anderen Gerichtsherrn getreten ist, so ist die Sache an diesen abzugeben. Die Bestimmungen der §§. 34, 35 finden entsprechende Anwendung.

Später eingetretene Veränderungen ziehen eine Aenderung der gerichtlichen Zuständigkeit nur dann nach sich, wenn der Angeklagte durch Beförderung der niederen Gerichtsbarkeit entzogen wird.

260. Nach der Erhebung der Anklage muß, vorbehaltlich der Bestimmung des §. 272, die Sache zur Aburtheilung gebracht werden.

Der Aburtheilung muß eine mündliche Verhandlung vor dem erkennenden Gerichte (Hauptverhandlung) vorangehen.

Vierter Abschnitt.

Vorbereitung der Hauptverhandlung.

261. Der Zusammentritt des erkennenden Standgerichts oder Kriegsgerichts erfolgt, nachdem die Anklage erhoben ist, auf Befehl des Gerichtsherrn.

Die Richter werden im Dienstwege berufen. Ist der Angeklagte ein General oder Admiral, so erfolgt die Berufung nach Maßgabe des §. 18 Absatz 4.

262. Insoweit der Gerichtsherr wegen Mangels oder wegen gesetzlicher Verhinderung (§§. 122 ff.) der zur vorschriftsmäßigen Bildung des Gerichts erforderlichen Personen innerhalb seines Befehlsbereichs zur Berufung des erkennenden Gerichts außer Stande ist, kann er einen anderen Gerichtsherrn ersuchen, entweder ihm einzelne fehlende Richter zuzuweisen oder selbst die Aburtheilung der Sache herbeizuführen.

Das Letztere kann auch geschehen, falls große Entfernung des Angeklagten oder der Zeugen oder militärdienstliche Gründe der Berufung des erkennenden Gerichts durch den zuständigen Gerichtsherrn entgegenstehen.

263. Ist in den Fällen des §. 262 ein anderer Gerichtsherr um Herbeiführung der Aburtheilung ersucht worden, so verbleibt dem ersuchenden Gerichtsherrn das Recht der Einlegung von Rechtsmitteln und der Strafvollstreckung.

Derselbe ist befugt, mit der Vertretung der Anklage vor dem erkennenden Gericht einen seiner Gerichtsoffiziere oder einen der ihm zugeordneten Kriegsgerichtsräthe zu beauftragen.

Im Uebrigen werden die gerichtsherrlichen Befugnisse von dem ersuchten Befehlshaber wahrgenommen.

264. Ort und Zeit der Hauptverhandlung werden von dem Gerichtsherrn festgesetzt.

265. Die zur Hauptverhandlung erforderlichen Ladungen und die Herbeischaffung der als Beweismittel dienenden Gegenstände hat der Gerichtsherr zu veranlassen.

Die Gestellung oder Ladung der Zeugen und Sachverständigen regelt sich nach Vorschrift der §§. 185, 206, 207.

266. Angeklagte, welche zu den Personen des Soldatenstandes des aktiven Heeres oder der aktiven Marine gehören, sind zu dem anberaumten Termine zu gestellen.

Zwischen der Bekanntmachung der Anklageverfügung an den Angeklagten (§. 258) und der Hauptverhandlung muß, wenn die Hauptverhandlung vor dem Standgerichte stattfindet, eine Frist von drei Tagen, in allen anderen Fällen von einer Woche liegen.

Der Termin zur Hauptverhandlung ist spätestens am vorhergehenden Tage dem Angeklagten dienstlich bekannt zu machen. Die Meldung, daß und wann dies geschehen, ist zu den Akten zu bringen.

Die im Absatze 2 und 3 bezeichneten Fristen können mit Zustimmung des Angeklagten abgekürzt werden. Im Felde finden dieselben keine Anwendung.

267. Angeklagte, welche nicht zu den im §. 266 bezeichneten Personen gehören, sind zu dem anberaumten Termine schriftlich zu laden. Die Ladung eines auf freiem Fuße befindlichen Angeklagten kann unter der

Warnung geschehen, daß im Falle seines unentschuldigten Ausbleibens seine Vorführung oder Verhaftung erfolgen werde. Bei der Ladung eines nicht auf freiem Fuße befindlichen Angeklagten findet der §. 140 Anwendung.

Zwischen der Ladung und dem Tage der Hauptverhandlung muß die im §. 266 Absatz 2 vorgeschriebene Frist liegen.

Im Verfahren vor den Feldgerichten und Bordgerichten bedarf es einer Ladung des Angeklagten nicht. Die Gestellung richtet sich nach den Umständen des Falles.

268. Der Termin zur Hauptverhandlung ist den zur Zeit der Anberaumung dieses Termins bereits bekannten Vertheidigern zugleich mit der Benachrichtigung (§. 266) oder Vorladung (§. 267) des Angeklagten, den erst später bestellten Vertheidigern gleichzeitig mit der Bestellung bekannt zu machen.

269. Verlangt der Angeklagte vor dem Termine die Gestellung oder Ladung von Zeugen oder Sachverständigen oder die Herbeischaffung anderer Beweismittel zur Hauptverhandlung, so hat er unter Angabe der Thatsachen, über welche der Beweis erhoben werden soll, seine Anträge, soweit sie nicht bereits zu Protokoll erklärt sind (§. 256 Absatz 3), an den Gerichtsherrn zu richten. Die Anträge sind von Mannschaften des aktiven Heeres und der aktiven Marine dem nächsten mit Disziplinarstrafgewalt versehenen Vorgesetzten zu Protokoll zu erklären.

Ist der Angeklagte verhaftet, so findet die Bestimmung des §. 125 Absatz 3 Anwendung.

Die Verfügung des Gerichtsherrn ist dem Angeklagten bekannt zu machen. Gegen die Verfügung findet binnen drei Tagen nach der Bekanntmachung die Rechtsbeschwerde an den höheren Gerichtsherrn statt.

Den Anträgen des Angeklagten ist zu entsprechen, wenn dieselben begründet erscheinen oder wenn der Angeklagte, soweit es sich nicht um Personen des aktiven Heeres und der aktiven Marine handelt, den erforderlichen Betrag der gesetzlichen Entschädigung für Reisekosten und Versäumniß der Zeugen oder Sachverständigen bei der Militärgerichtsschreiberei hinterlegt.

Ergiebt sich in der Hauptverhandlung, daß die Vernehmung einer auf Kosten des Angeklagten geladenen Person zur Aufklärung der Sache dienlich war, so hat das Gericht auf Antrag anzuordnen, daß dem Angeklagten die hinterlegte Summe zurückzugeben sei.

270. Stehen dem Erscheinen eines Zeugen oder Sachverständigen in der Hauptverhandlung für eine längere oder ungewisse Zeit Krankheit oder Gebrechlichkeit oder andere nicht zu beseitigende Hindernisse entgegen, so kann der Gerichtsherr die Vernehmung desselben durch einen richterlichen Militärjustizbeamten oder Gerichtsoffizier oder durch Ersuchen eines Amtsrichters herbeiführen. Die Vernehmung erfolgt, soweit nicht gesetzliche Hindernisse oder erhebliche Bedenken dagegen obwalten, eidlich.

Dasselbe gilt, wenn ein Zeuge oder Sachverständiger

vernommen werden soll, dessen Erscheinen wegen großer Entfernung besonders erschwert sein wird.

271. Von den zum Zwecke dieser Vernehmung anberaumten Terminen sind der Gerichtsherr, sofern dieser den Termin nicht selbst angeordnet hat, der Angeklagte und der Vertheidiger vorher zu benachrichtigen, insoweit dies nicht wegen Gefahr im Verzug unthunlich ist. Einer Vertretung der Anklage oder des Angeklagten bei der Vernehmung bedarf es nicht. Das aufgenommene Protokoll ist dem Gerichtsherrn und dem Angeklagten oder dem Vertheidiger vorzulegen. Die Bestimmungen des §. 165 Absatz 4 und 5 finden Anwendung.

Das Gleiche gilt, wenn zur Vorbereitung einer Hauptverhandlung noch ein richterlicher Augenschein einzunehmen ist.

272. Auf Grund neu hervorgetretener Umstände kann der Gerichtsherr vor der Hauptverhandlung zu Gunsten des Angeklagten die Anklageverfügung abändern oder zurücknehmen. Auf eine solche Entschliessung finden die Bestimmungen der §§. 243 ff. entsprechende Anwendung.

Fünfter Abschnitt.

Hauptverhandlung.

273. Die Hauptverhandlung (§. 260) erfolgt vor dem vorschriftsmäßig besetzten Standgericht oder Kriegsgericht in ununterbrochener Gegenwart der zur Urtheilsfindung berufenen Personen sowie des mit der Vertretung der Anklage beauftragten Gerichtsoffiziers oder Kriegsgerichtsraths und eines Gerichtsschreibers.

Die Hauptverhandlung findet in Abwesenheit des Gerichtsherrn statt.

274. Es können in der Hauptverhandlung mehrere Gerichtsschreiber, mehrere Vertreter der Anklage, sowie mehrere Vertheidiger mitwirken und sich in die ihnen obliegenden Verrichtungen theilen.

275. Wird in der Hauptverhandlung die Aussetzung derselben beantragt, so entscheidet das Gericht. Kürzere Unterbrechungen ordnet der Vorsitzende an.

Eine Verhinderung des Vertheidigers giebt nur in den Fällen der nothwendigen Vertheidigung (vgl. §. 338) dem Angeklagten das Recht, die Aussetzung der Verhandlung zu verlangen.

Ist die Frist des §. 266 Absatz 2 und des §. 267 Absatz 2 nicht eingehalten, so soll der Vorsitzende den Angeklagten mit der Befugniß, Aussetzung der Verhandlung zu verlangen, bekannt machen.

276. Eine unterbrochene Hauptverhandlung muß spätestens am vierten Tage nach der Unterbrechung fortgesetzt werden, widrigenfalls mit dem Verfahren von Neuem zu beginnen ist.

277. Im Falle der Aussetzung oder Unterbrechung der Hauptverhandlung kann das Gericht die Festnahme des bis dahin auf freiem Fuße befindlichen Angeklagten anordnen. Dasselbe gilt im Falle der Verurtheilung. Von der Anordnung der Festnahme ist der Gerichtsherr in Kenntniß zu setzen. Derselbe hat zu bestimmen, ob die Festnahme aufrecht zu erhalten ist.

278. Gegen einen ausgebliebenen Angeklagten findet eine Hauptverhandlung nicht statt.

Ist das Ausbleiben eines gemäß §. 267 Absatz 1 geladenen Angeklagten nicht genügend entschuldigt, so kann die Vorführung angeordnet oder die Verhaftung veranlaßt werden.

279. Der erschienene Angeklagte darf sich aus der Verhandlung nicht entfernen. Der Vorsitzende kann die geeigneten Maßregeln treffen, um die Entfernung desselben zu verhindern; auch kann er ihn während einer Unterbrechung der Verhandlung in Gewahrsam halten lassen.

Entfernt der Angeklagte sich dennoch, oder bleibt er bei der Fortsetzung einer unterbrochenen Hauptverhandlung aus, so kann diese in seiner Abwesenheit zu Ende geführt werden, wenn seine Vernehmung über die Anklage schon erfolgt war und das Gericht seine fernere Anwesenheit nicht für erforderlich erachtet.

280. Der Angeklagte kann mit seiner Zustimmung wegen großer Entfernung seines Aufenthaltsorts von dem Erscheinen in der Hauptverhandlung entbunden werden. Ueber einen darauf gerichteten Antrag des Angeklagten entscheidet, wenn er vor der Hauptverhandlung eingeht, der Gerichtsherr, anderenfalls das erkennende Gericht nach Anhörung des Vertreters der Anklage.

Für die Hauptverhandlung vor einem Kriegsgerichte darf eine Entbindung des Angeklagten vom Erscheinen nur eintreten, wenn voraussichtlich keine andere als eine innerhalb der Strafbefugnisse der Standgerichte liegende Strafe zu erwarten steht.

Das erkennende Gericht bleibt befugt, nachträglich das persönliche Erscheinen des Angeklagten zu beschließen.

281. Insoweit die Hauptverhandlung vor dem Kriegsgericht ohne Anwesenheit des Angeklagten stattfinden kann, ist letzterer befugt, sich durch einen mit schriftlicher Vollmacht versehenen Vertheidiger vertreten zu lassen.

282. Die Hauptverhandlung erfolgt öffentlich.

283. Die Oeffentlichkeit kann für die ganze Verhandlung oder für einen Theil derselben durch Beschluß des Gerichts ausgeschlossen werden, wenn sie eine Gefährdung der öffentlichen Ordnung, insbesondere der Staatssicherheit, oder eine Gefährdung militärdienstlicher Interessen oder eine Gefährdung der Sittlichkeit besorgen läßt.

Unberührt bleibt die nach §. 8 des Reichsmilitärgesetzes vom 2. Mai 1874 dem Kaiser zustehende Befugniß, allgemeine Vorschriften darüber zu erlassen, unter welchen Voraussetzungen das Gericht die Oeffentlichkeit der Verhandlung wegen Gefährdung der Disziplin auszuschließen hat.

284. Die Verkündung des Urtheils und der Urtheilsgründe erfolgt öffentlich.

Durch einen besonderen Beschluß des Gerichts kann für die Verkündung der Urtheilsgründe oder eines Theiles derselben die Oeffentlichkeit aus einem der im §. 283 bezeichneten Gründe ausgeschlossen werden.

285. Die Verhandlung über die Ausschließung der

Oeffentlichkeit findet in nicht öffentlicher Sitzung statt. Der Beschluß, welcher die Oeffentlichkeit ausschließt, muß öffentlich verkündet werden. Bei der Verkündung ist anzugeben, aus welchem der im §. 283 bezeichneten Gründe die Ausschließung erfolgt.

286. Ist die Oeffentlichkeit wegen Gefährdung der Staatssicherheit oder wegen Gefährdung militärdienstlicher Interessen ausgeschlossen, so kann das Gericht den anwesenden Personen die Geheimhaltung von Thatsachen, welche durch die Verhandlung, durch die Anklageschrift oder durch andere amtliche Schriftstücke des Prozesses zu ihrer Kenntniß gelangen, zur Pflicht machen. Der Beschluß ist in das Sitzungsprotokoll aufzunehmen.

287. Der Zutritt zu öffentlichen Verhandlungen ist aktiven Militärpersonen nur insoweit gestattet, als dieselben im Range nicht unter dem Angeklagten und, wenn mehrere Personen verschiedenen militärischen Ranges angeklagt sind, nicht unter dem Range des höchstgestellten Mitangeklagten stehen. Doch kann auch in diesen Fällen dem Verletzten der Zutritt gestattet werden.

288. Der Zutritt zu öffentlichen Verhandlungen kann weiblichen, sowie unerwachsenen und solchen Personen versagt werden, welche sich nicht im Besitze der bürgerlichen Ehrenrechte befinden, oder welche in einer der Würde des Gerichts nicht entsprechenden Weise erscheinen.

Zu nicht öffentlichen Verhandlungen kann der Zutritt einzelnen Personen von dem Vorsitzenden gestattet werden; dem Verletzten ist der Zutritt, sofern nicht die Oeffentlichkeit wegen Gefährdung der Staatssicherheit ausgeschlossen ist, stets zu gestatten. Das Gericht kann aus Gründen der Disziplin die Entfernung des Verletzten anordnen, wenn derselbe zu den Personen des aktiven Heeres oder der aktiven Marine gehört.

289. Die Aufrechterhaltung der Ordnung in der Sitzung liegt dem Vorsitzenden ob.

290. Angeklagte, Zeugen, Sachverständige oder bei der Verhandlung nicht betheiligte Personen, welche den zur Aufrechterhaltung der Ordnung erlassenen Befehlen nicht gehorchen, können auf Beschluß des Gerichts von der Gerichtsstelle entfernt werden.

Personen des Soldatenstandes des aktiven Heeres und der aktiven Marine, welche sich in der Sitzung einer Ungebühr schuldig machen, sind, sofern nicht gerichtliche Verfolgung eintritt, disziplinarisch mit Arrest zu bestrafen. Die Bestimmung des §. 202 Absatz 3 findet Anwendung.

Gegen andere Personen kann das Gericht in einem solchen Falle, vorbehaltlich der strafrechtlichen Verfolgung, eine Ordnungsstrafe bis zu einhundert Mark oder bis zu drei Tagen Haft festsetzen und sofort vollstrecken lassen. Die erforderlichen Anordnungen trifft der Vorsitzende.

Gegen einen Rechtsanwalt, der als Vertheidiger in der Sitzung einer Ungebühr sich schuldig macht, kann das Gericht, vorbehaltlich der disziplinaren oder strafgerichtlichen Verfolgung, eine Ordnungsstrafe bis zu einhundert Mark festsetzen.

Ist eine Ordnungsstrafe festgesetzt, so findet binnen

der Frist von einer Woche nach der Bekanntmachung der Entscheidung die Rechtsbeschwerde an das Oberkriegsgericht statt. Dieselbe hat nur in den Fällen des Absatzes 4 aufschiebende Wirkung.

291. Wird eine strafbare Handlung in der Sitzung begangen, so hat das Gericht den Thatbestand festzustellen und der zuständigen Behörde das darüber aufgenommene Protokoll mitzutheilen. In geeigneten Fällen ist die vorläufige Festnahme des Thäters zu verfügen.

292. Bei dem Kriegsgericht erfolgt die Vernehmung des Angeklagten und die Aufnahme des Beweises durch den die Verhandlung führenden Kriegsgerichtsrath (§. 61).

Bei den Standgerichten kann der Vorsitzende die Führung der Verhandlung einem Beisitzer überlassen.

Wird eine auf die Sachleitung bezügliche Anordnung als unzulässig beanstandet, so entscheidet das Gericht.

293. Jedem Mitgliede des Gerichts, dem Vertreter der Anklage, dem Angeklagten und dem Vertheidiger ist auf Verlangen zu gestatten, Fragen an die Zeugen und Sachverständigen zu stellen. Der Vertheidiger kann die Fragen nur durch den die Verhandlung Führenden stellen.

Ungeeignete oder nicht zur Sache gehörige Fragen können von dem die Verhandlung Führenden zurückgewiesen werden.

Zweifel über die Zulässigkeit einer Frage entscheidet das Gericht.

294. Die Hauptverhandlung beginnt mit dem Aufrufe des Angeklagten, des Vertheidigers, der Zeugen und der Sachverständigen.

295. Nachdem der Aufruf erfolgt ist, verliest der Vorsitzende die Namen der zur Hauptverhandlung berufenen Richter und weist den Angeklagten auf die Bestimmung des §. 125 Absatz 1 hin.

296. An die Verlesung der Richterliste schließt sich die Beeidigung der nicht ständigen Richter. Dieselbe erfolgt bei den Standgerichten durch den Vorsitzenden, bei den Kriegsgerichten durch den die Verhandlung führenden Kriegsgerichtsrath.

Der den Eid Abnehmende richtet an die zu Beeidigenden die Worte:.

„Sie schwören bei Gott dem Allmächtigen und Allwissenden, die Pflichten eines Richters getreulich zu erfüllen und Ihre Stimmen nach bestem Wissen und Gewissen abzugeben."

Die betreffenden Richter leisten den Eid, indem sie die Worte sprechen:

„Ich schwöre es, so wahr mir Gott helfe."

Die Schwörenden sollen bei der Eidesleistung die rechte Hand erheben.

Die Bestimmung des §. 42 Absatz 3 findet Anwendung.

Stehen an demselben Tage mehrere Verhandlungen an, zu denen dasselbe Richterpersonal berufen ist, so genügt es, daß der Vorsitzende in den späteren Verhandlungen auf den in einer vorhergegangenen Verhandlung geleisteten Richtereid verweist.

297. Nach der Bildung des Gerichts (§§. 295, 296) läßt der Vorsitzende die Zeugen abtreten. Hierauf erfolgt die Verhandlung in der Sache selbst.

Dieselbe beginnt mit der Vernehmung des Angeklagten über seine persönlichen Verhältnisse. Hieran schließt sich die Verlesung der Anklageverfügung durch den Vertreter der Anklage.

Sodann erfolgt die weitere Vernehmung des Angeklagten nach Maßgabe des §. 173.

298. Nach der Vernehmung des Angeklagten erfolgt die Beweisaufnahme.

Es bedarf eines Gerichtsbeschlusses, wenn ein Beweisantrag abgelehnt werden soll, oder wenn die Vornahme einer Beweishandlung eine Aussetzung der Hauptverhandlung erforderlich macht.

Das Gericht kann auf Antrag und von Amtswegen die Ladung von Zeugen und Sachverständigen, sowie die Herbeischaffung anderer Beweismittel anordnen.

Die Bestimmungen der §§. 270, 271 finden entsprechende Anwendung.

299. In den Verhandlungen vor den Standgerichten und vor den Kriegsgerichten in der Berufungsinstanz bestimmt das Gericht den Umfang der Beweisaufnahme, ohne hierbei durch Anträge, Verzichte oder frühere Beschlüsse gebunden zu sein.

Im Uebrigen ist die Beweisaufnahme auf die sämmtlichen gestellten und geladenen Zeugen und Sachverständigen (§§. 185, 208), sowie auf die anderen herbeigeschafften Beweismittel zu erstrecken. Von der Erhebung einzelner Beweise kann jedoch abgesehen werden, wenn der Vertreter der Anklage und der Angeklagte hiermit einverstanden sind. Das Gericht kann die Erhebung eines einzelnen Beweises ablehnen, falls es die zu beweisende Thatsache einstimmig für unerheblich oder zu Gunsten des Angeklagten für erwiesen erachtet. Die Gründe, aus welchen die Thatsache für unerheblich erachtet wird, sind in dem Beschluß anzugeben.

Die Bestimmungen der §§. 186 bis 215, §. 216 Absatz 1, 2, 3, §§. 218 bis 221 finden entsprechende Anwendung. Bezüglich der Ausschließung und Ablehnung von Sachverständigen gelten die §§. 128, 129.

Die Beeidigung eines Zeugen darf unterlassen werden, wenn dessen Aussage nach der einstimmigen Ueberzeugung des Gerichts sich als offenbar unglaubwürdig oder als unerheblich darstellt und im letzteren Falle die Beeidigung nicht beantragt ist.

300. Eine Beweiserhebung darf nicht deshalb abgelehnt werden, weil das Beweismittel oder die zu beweisende Thatsache zu spät vorgebracht worden sei.

Ist jedoch ein zu vernehmender Zeuge oder Sachverständiger dem anderen Theile so spät namhaft gemacht, oder eine als Beweismittel zu benutzende Urkunde so spät bekannt gegeben, oder eine zu beweisende Thatsache so spät vorgebracht worden, daß es dem anderen Theile an der zur Einziehung von Erkundigungen erforderlichen Zeit gefehlt hat, so kann derselbe bis zum Schlusse der

Beweisaufnahme die Aussetzung der Hauptverhandlung zum Zwecke der Erkundigung beantragen.

Dieselbe Befugniß haben der Vertreter der Anklage und der Angeklagte in Betreff der auf Anordnung des Gerichts herbeigeschafften Beweismittel.

Ueber die Anträge entscheidet das Gericht nach freiem Ermessen.

301. Das Gericht kann den Angeklagten, wenn zu befürchten ist, daß ein Mitangeklagter oder ein Zeuge bei seiner Vernehmung in Gegenwart des Angeklagten die Wahrheit nicht sagen werde, während dieser Vernehmung aus dem Sitzungszimmer abtreten lassen. Der Angeklagte ist jedoch, sobald er wieder vorgelassen worden, von dem wesentlichen Inhalte desjenigen zu unterrichten, was während seiner Abwesenheit ausgesagt oder sonst verhandelt worden ist.

In gleicher Weise ist zu verfahren, wenn das Gericht wegen ordnungswidrigen Benehmens des Angeklagten zeitweise dessen Entfernung von der Gerichtsstelle angeordnet hat.

302. Die vernommenen Zeugen und Sachverständigen dürfen sich nur mit Genehmigung oder auf Anweisung des Vorsitzenden von der Gerichtsstelle entfernen. Der Vertreter der Anklage und der Angeklagte sind vorher zu hören.

303. Urkunden und andere als Beweismittel dienende Schriftstücke werden in der Hauptverhandlung verlesen. Dies gilt insbesondere von früher ergangenen Strafurtheilen, von Straflisten und von Auszügen aus Kirchenbüchern und Personenstandsregistern und findet auch Anwendung auf Protokolle über die Einnahme des richterlichen Augenscheins.

304. Beruht der Beweis einer Thatsache auf der Wahrnehmung einer Person, so ist die letztere in der Hauptverhandlung zu vernehmen. Die Vernehmung darf nicht durch Verlesung des über eine frühere Vernehmung aufgenommenen Protokolls oder einer schriftlichen Erklärung ersetzt werden.

305. Ist ein Zeuge, Sachverständiger oder Mitbeschuldigter verstorben oder in Geisteskrankheit verfallen, oder ist sein Aufenthalt nicht zu ermitteln gewesen, so kann das Protokoll über seine frühere durch einen Gerichtsoffizier, einen Kriegsgerichtsrath oder einen anderen richterlichen Beamten erfolgte Vernehmung verlesen werden. Dasselbe gilt von dem bereits verurtheilten Mitschuldigen.

Unter den Voraussetzungen des §. 165 Absatz 2, §. 270 ist die Verlesung des Protokolls über die frühere Vernehmung statthaft, wenn die Vernehmung unter Beobachtung der für dieselbe gegebenen Vorschriften (§. 165 Absatz 3 und 4, §§. 270, 271) erfolgt ist oder wenn im Falle der Nichtbeobachtung dieser Vorschriften die Verlesung sowohl von dem Vertreter der Anklage als von dem Angeklagten beantragt wird.

Die Verlesung kann nur durch Gerichtsbeschluß angeordnet, auch muß der Grund derselben verkündet und bemerkt werden, ob die Beeidigung der vernommenen

Personen stattgefunden hat. An den Bestimmungen über die Beeidigung wird hierdurch für diejenigen Fälle, in denen die nochmalige Vernehmung ausführbar ist, nichts geändert.

306. Das Protokoll über die Aussage eines vor der Hauptverhandlung vernommenen Zeugen, welcher in der Hauptverhandlung von seinem Rechte, das Zeugniß zu verweigern, Gebrauch macht, darf nicht verlesen, die Aussage auch nicht in anderer Weise festgestellt werden.

307. Erklärt ein Zeuge oder Sachverständiger, daß er sich einer Thatsache nicht mehr erinnert, so kann der hierauf bezügliche Theil des Protokolls über seine frühere Vernehmung zur Unterstützung seines Gedächtnisses verlesen werden.

Dasselbe kann geschehen, wenn ein in der Vernehmung hervortretender Widerspruch mit der früheren Aussage nicht auf andere Weise ohne Unterbrechung der Hauptverhandlung festgestellt oder gehoben werden kann.

308. Erklärungen des Angeklagten, welche in einem von einem Untersuchungsführer aufgenommenen oder gerichtlichen Protokoll enthalten sind, können zum Zwecke der Beweisaufnahme über ein Geständniß verlesen werden.

Dasselbe kann geschehen, wenn ein in der Vernehmung hervortretender Widerspruch mit der früheren Aussage nicht auf andere Weise ohne Unterbrechung der Hauptverhandlung festgestellt oder gehoben werden kann.

309. In den Fällen der §§. 307, 308 ist die Verlesung und der Grund derselben auf Antrag des Angeklagten oder des Vertreters der Anklage im Protokolle zu erwähnen.

310. Die ein Zeugniß oder ein Gutachten enthaltenden Erklärungen militärischer Vorgesetzter, Zeugnisse über Vorstrafen, die ein Gutachten enthaltenden Erklärungen öffentlicher Behörden, sowie ärztliche Atteste über Körperverletzungen, welche nicht zu den schweren gehören, können verlesen werden.

Ist das Gutachten einer kollegialen Fachbehörde eingeholt worden, so kann das Gericht die Behörde ersuchen, eines ihrer Mitglieder mit der Vertretung des Gutachtens in der Hauptverhandlung zu beauftragen und dem Gerichte zu bezeichnen.

311. Nach der Vernehmung eines jeden Zeugen, Sachverständigen oder Mitangeklagten, sowie nach Verlesung eines jeden Schriftstücks soll der Angeklagte gefragt werden, ob er etwas zu erklären habe.

312. Nach dem Schlusse der Beweisaufnahme erhalten der Vertreter der Anklage und sodann der Angeklagte oder dessen Vertheidiger zu ihren Ausführungen und Anträgen das Wort.

Dem Vertreter der Anklage steht das Recht der Erwiderung zu; dem Angeklagten gebührt das letzte Wort.

Der Angeklagte ist, auch wenn ein Vertheidiger für ihn gesprochen hat, zu befragen, ob er selbst noch etwas zu seiner Vertheidigung anzuführen habe.

313. Einem der Gerichtssprache nicht mächtigen Angeklagten müssen aus den Schlußvorträgen mindestens die Anträge des Vertreters der Anklage und des Vertheidigers durch den Dolmetscher bekannt gemacht werden.

Dasselbe gilt von einem tauben Angeklagten, sofern nicht eine mündliche oder schriftliche Verständigung erfolgt.

314. Die Hauptverhandlung schließt mit der Erlassung des Urtheils. Das Urtheil kann nur auf Freisprechung, Verurtheilung oder Einstellung des Verfahrens lauten.

Die Einstellung des Verfahrens ist insbesondere auszusprechen, wenn bei einer nur auf Antrag zu verfolgenden strafbaren Handlung sich ergiebt, daß der erforderliche Antrag nicht vorliegt, oder wenn der Antrag rechtzeitig zurückgenommen ist.

315. Ueber das Ergebniß der Beweisaufnahme entscheidet das Gericht nach seiner freien, aus dem Inbegriffe der Verhandlung geschöpften Ueberzeugung.

316. Hängt die Strafbarkeit einer Handlung von der Beurtheilung eines bürgerlichen Rechtsverhältnisses ab, so entscheidet das Strafgericht auch über dieses nach den für das Verfahren und den Beweis in Strafsachen geltenden Vorschriften.

Das Gericht ist jedoch befugt, das Urtheil auszusetzen und einem der Betheiligten zur Erhebung der Civilklage eine Frist zu bestimmen, oder das Urtheil des Civilgerichts abzuwarten.

317. Gegenstand der Urtheilsfindung ist die in der Anklageverfügung bezeichnete That, wie sich dieselbe nach dem Ergebnisse der Verhandlung darstellt.

Das Gericht ist an diejenige Beurtheilung der That,

welche der Anklageverfügung zu Grunde liegt, nicht gebunden.

318. Eine Verurtheilung des Angeklagten auf Grund eines anderen als des in der Anklageverfügung angeführten Strafgesetzes darf nicht erfolgen, ohne daß der Angeklagte zuvor auf die Veränderung des rechtlichen Gesichtspunkts besonders hingewiesen und ihm Gelegenheit zur Vertheidigung gegeben worden ist.

In gleicher Weise ist zu verfahren, wenn erst in der Verhandlung solche vom Strafgesetze besonders vorgesehene Umstände behauptet werden, welche die Strafbarkeit erhöhen.

Das Gericht hat auf Antrag oder von Amtswegen die Hauptverhandlung auszusetzen, falls dies in Folge der veränderten Sachlage zur genügenden Vorbereitung der Anklage oder der Vertheidigung angemessen erscheint. Seitens des Kriegsgerichts ist einem dahin gerichteten Antrage des Angeklagten stattzugeben, wenn derselbe neu hervorgetretene Umstände, welche die Anwendung eines schwereren Strafgesetzes zulassen oder die Strafbarkeit erhöhen, bestreitet.

319. Wird der Angeklagte im Laufe der Hauptverhandlung noch einer anderen That beschuldigt, als wegen welcher die Anklageverfügung gegen ihn erlassen ist, so kann auf Antrag des Vertreters der Anklage jene That mit seiner Zustimmung zum Gegenstande derselben Aburtheilung gemacht werden.

Diese Bestimmung findet nicht Anwendung, wenn die That sich als ein bürgerliches oder militärisches Verbrechen darstellt, oder die Aburtheilung derselben die Zuständigkeit des Gerichts überschreitet.

320. Die Leitung der Urtheilsberathung und das Sammeln der Stimmen erfolgt durch denjenigen, der die Verhandlungen geführt hat.

Etwaige Vorfragen sind einzeln vor der Hauptfrage, die Festsetzung des Strafmaßes ist erst nach beschlossener Anwendung des Strafgesetzes, die Gesammtstrafe erst nach Festsetzung der Einzelstrafen und die Verhängung einer Nebenstrafe erst nach der Bemessung der Hauptstrafe zur Abstimmung zu bringen.

Meinungsverschiedenheiten über den Gegenstand, die Fassung und die Reihenfolge der Fragen oder über das Ergebniß der Abstimmung entscheidet das Gericht.

321. Kein Richter darf die Abstimmung über eine Frage verweigern, weil er bei der Abstimmung über eine vorhergegangene Frage in der Minderheit geblieben ist.

322. Zu einer jeden Entscheidung des Gerichts ist Stimmenmehrheit erforderlich.

Bilden sich bei einer Abstimmung mehr als zwei Meinungen, von denen keine die Mehrheit für sich hat, so werden die dem Angeklagten nachtheiligsten Stimmen den zunächst minder nachtheiligen so lange hinzugerechnet, bis sich nach Vorschrift des ersten Absatzes eine Entscheidung herausstellt. Ist es zweifelhaft, welche der Meinungen die nachtheiligere ist, so muß hierüber besonders abgestimmt werden.

323. Zu einer jeden dem Angeklagten nachtheiligen Entscheidung, welche die Schuldfrage betrifft, ist eine Mehrheit von zwei Drittheilen der Stimmen erforderlich.

Die Schuldfrage begreift auch solche von dem Strafgesetze besonders vorgesehene Umstände, welche die Strafbarkeit ausschließen, vermindern oder erhöhen. Die Schuldfrage begreift nicht die Voraussetzungen des Rückfalls und der Verjährung.

324. Bei den Standgerichten richtet sich die Reihenfolge der Abstimmenden nach dem Dienstrange; der Jüngste im Range stimmt zuerst.

Bei den Kriegsgerichten stimmt der die Verhandlungen führende Kriegsgerichtsrath zuerst; die übrigen Richter stimmen in der für die Standgerichte vorgeschriebenen Reihenfolge. Wirken außer dem bezeichneten Kriegsgerichtsrathe noch andere Militärbeamte als Richter mit, so stimmen diese vor den Offizieren.

325. Bei der Berathung und Abstimmung dürfen außer den zur Entscheidung berufenen Richtern nur die bei demselben Gerichte zu ihrer juristischen Ausbildung beschäftigten Personen zugegen sein, soweit der Vorsitzende deren Anwesenheit gestattet.

Ueber den Hergang bei der Berathung und Abstimmung ist von den dabei anwesenden Personen Stillschweigen zu beobachten.

326. Wird der Angeklagte verurtheilt, so müssen die Urtheilsgründe die für erwiesen erachteten Thatsachen angeben, in welchen die gesetzlichen Merkmale der strafbaren Handlung gefunden werden, und die nähere Darlegung enthalten, weshalb diese Thatsachen für erwiesen erachtet worden sind.

Waren in der Verhandlung solche vom Strafgesetze besonders vorgesehene Umstände behauptet worden, welche die Strafbarkeit ausschließen, vermindern oder erhöhen, so müssen die Urtheilsgründe sich darüber aussprechen, ob diese Umstände für festgestellt oder für nicht festgestellt erachtet werden.

Die Gründe des Strafurtheils müssen ferner das zur Anwendung gebrachte Strafgesetz bezeichnen und sollen die Umstände anführen, welche für die Zumessung der Strafe bestimmend gewesen sind. Macht das Strafgesetz die Anwendung einer geringeren Strafe von dem Vorhandensein mildernder Umstände oder eines minder schweren Falles abhängig, so müssen die Urtheilsgründe die hierüber getroffene Entscheidung und die dafür maßgebend gewesenen Erwägungen ergeben, sofern das Vorhandensein mildernder Umstände oder eines minder schweren Falles angenommen oder einem in der Verhandlung gestellten Antrag entgegen verneint wird.

Wird der Angeklagte freigesprochen, so müssen die Urtheilsgründe ergeben, ob der Angeklagte für nicht überführt, oder ob und aus welchen Gründen die für erwiesen angenommene That für nicht strafbar erachtet worden ist.

327. Die Verkündung des Urtheils erfolgt durch Verlesung der Urtheilsformel und Eröffnung der Urtheilsgründe am Schlusse der Verhandlung oder spätestens innerhalb dreier Tage nach dem Schlusse der Verhandlung bei den Standgerichten durch den Vorsitzenden, bei den Kriegsgerichten durch den die Verhandlung führenden Kriegsgerichtsrath.

Die Eröffnung der Urtheilsgründe geschieht durch Verlesung oder durch mündliche Mittheilung ihres wesentlichen Inhalts.

Der Angeklagte ist über die Zulässigkeit der Berufung und, falls derselbe erklärt, daß er sich bei dem Urtheile nicht beruhige, über die bei Einlegung der Berufung einzuhaltende Frist (§. 379), sowie den einzuschlagenden Weg (§. 369) zu belehren.

Ein in Abwesenheit des Angeklagten verkündetes Urtheil und die im Absatze 3 vorgeschriebene Belehrung kann dem Angeklagten auch durch einen Gerichtsoffizier oder Kriegsgerichtsrath zu Protokoll eröffnet werden.

Im Falle der Zustellung des Urtheils (§. 187 Absatz 2) ist die Belehrung mit der Zustellung zu verbinden.

328. Findet das Gericht im Laufe der Verhandlung, daß der Angeklagte nicht unter der Militärstrafgerichtsbarkeit steht, so hat es durch Beschluß seine Unzuständigkeit auszusprechen.

Gegen diesen Beschluß steht sowohl dem Gerichtsherrn wie dem Angeklagten binnen einer Woche nach der Verkündung des Beschlusses die Rechtsbeschwerde an das Reichsmilitärgericht zu. Hat die Verkündung in Abwesenheit des Angeklagten stattgefunden, so läuft für diesen die Frist vom Tage der Zustellung des Beschlusses.

329. Das Gericht darf sich nicht für unzuständig erklären, weil die Sache vor ein Gericht niederer Ordnung gehöre, oder weil die Erhebung der Anklage von einem unzuständigen Gerichtsherrn verfügt sei, oder weil zur Ahndung der strafbaren Handlung die Bestrafung im Disziplinarwege nach Maßgabe des §. 3 des Einführungsgesetzes zum Militärstrafgesetzbuch ausreichend gewesen wäre.

330. Stellt sich nach dem Ergebnisse der Verhandlung vor einem Standgerichte die That als eine solche dar, welche die Zuständigkeit des Standgerichts überschreitet, so hat dasselbe durch Beschluß seine Unzuständigkeit auszusprechen und die Sache an die zuständige Stelle zu verweisen. Dieser Beschluß hat die Wirkung der Anklageerhebung für das weitere Verfahren.

Das Gleiche gilt, wenn der Angeklagte mit Rücksicht auf seinen Rang der niederen Gerichtsbarkeit entzogen ist, oder die zu erkennende Strafe die dem Standgerichte gezogenen Grenzen überschreitet (§§. 14, 15, 16, 47, 63).

331. Ueber die Hauptverhandlung ist ein Protokoll aufzunehmen, welches außer von dem Vorsitzenden und dem Gerichtsschreiber auch von dem die Verhandlung Führenden zu unterschreiben ist.

332. Das Protokoll über die Hauptverhandlung enthält:

1. den Ort und den Tag der Verhandlung;
2. die Namen der Mitglieder des Gerichts, des Vertreters der Anklage, des Gerichtsschreibers und des etwa zugezogenen Dolmetschers;
3. die Bezeichnung der strafbaren Handlung nach der Anklage;

4. die Namen der Angeklagten und ihrer Vertheidiger;
5. die Namen der vernommenen Zeugen und Sachverständigen und den Vermerk über die stattgehabten Beeidigungen;
6. die Angabe, daß öffentlich verhandelt oder die Oeffentlichkeit ausgeschlossen ist.

333. Das Protokoll muß den Gang und die Ergebnisse der Hauptverhandlung im Wesentlichen wiedergeben und die Beobachtung aller wesentlichen Förmlichkeiten ersichtlich machen, auch die Bezeichnung der verlesenen Schriftstücke, sowie die im Laufe der Verhandlung gestellten Anträge, die ergangenen Entscheidungen und die Urtheilsformel enthalten.

Von dem Inhalte der Erklärungen des Vertreters der Anklage, des Angeklagten und Vertheidigers, der Zeugen und der Sachverständigen wird nur das Wesentliche in das Protokoll aufgenommen. Insoweit diese Personen bereits im Ermittelungsverfahren vernommen waren, ist in dem Protokolle nur zu vermerken, ob und inwiefern ihre Erklärungen etwa von den früheren Aussagen in erheblichen Punkten abweichen.

Kommt es auf die Feststellung eines Vorganges in der Hauptverhandlung oder des Wortlauts einer Aussage oder einer Aeußerung an, so hat der die Verhandlung führende Richter die vollständige Niederschreibung und Verlesung anzuordnen. In dem Protokoll ist zu bemerken, daß die Verlesung geschehen und die Genehmigung erfolgt ist, oder welche Einwendungen erhoben sind.

334. Erfolgt die Beobachtung der vorgeschriebenen Förmlichkeiten nach Ansicht eines bei der Verhandlung Betheiligten in mangelhafter oder ungenügender Weise, so ist dieser berechtigt, die Feststellung des Vorganges und dessen Aufnahme in das Protokoll zu verlangen.

335. Die Beobachtung der für die Hauptverhandlung vorgeschriebenen Förmlichkeiten kann nur durch das Protokoll bewiesen werden. Gegen den diese Förmlichkeiten betreffenden Inhalt desselben ist der Nachweis der Unrichtigkeit zulässig.

336. Das Urtheil mit den Gründen soll binnen drei Tagen nach der Verkündung zu den Akten gebracht werden, falls es nicht bereits vollständig in das Protokoll aufgenommen worden ist.

Es ist von den Richtern, welche bei der Entscheidung mitgewirkt haben, zu unterschreiben. Ist ein Richter verhindert, seine Unterschrift beizufügen, so wird dies unter Angabe des Verhinderungsgrundes von dem Vorsitzenden oder bei dessen Verhinderung von dem ältesten beisitzenden Offizier unter dem Urtheile vermerkt.

Die Bezeichnung des Tages der Sitzung, sowie die Namen der Richter, des Vertreters der Anklage und des Gerichtsschreibers, welche an der Sitzung Theil genommen haben, sind in das Urtheil aufzunehmen.

Die Ausfertigungen und Auszüge der Urtheile sind bei den Standgerichten vom Vorsitzenden, bei den Kriegsgerichten von dem Kriegsgerichtsrathe, der die Verhandlung geführt hat, zu unterschreiben und mit dem Gerichtssiegel zu versehen.

Sechster Abschnitt.

Vertheidigung.

337. Der Angeklagte kann sich nach Abschluß des Ermittelungsverfahrens (§. 173 Absatz 5) des Beistandes eines Vertheidigers bedienen.

Diese Bestimmung findet in dem Verfahren vor den Standgerichten keine Anwendung.

338. Bildet ein Verbrechen den Gegenstand der Anklage, so hat der Gerichtsherr dem Angeklagten, sofern derselbe einen Vertheidiger nicht erwählt hat, einen solchen von Amtswegen zu bestellen.

Diese Bestimmung findet nicht Anwendung, wenn die strafbare Handlung nur deshalb als ein Verbrechen sich darstellt, weil sie im Rückfalle begangen ist, oder weil die Voraussetzungen des §. 55 des Militärstrafgesetzbuchs vorliegen.

339. Erachtet außer den Fällen der nothwendigen Vertheidigung (§. 338) der Gerichtsherr oder das erkennende Gericht die Bestellung eines Vertheidigers für sachgemäß, so ist dieselbe von Amtswegen zu veranlassen.

Der Angeklagte kann die Bestellung eines Vertheidigers beantragen, sofern dieselbe nicht von Amtswegen erfolgt.

Der Antrag ist binnen einer Frist von drei Tagen nach der Bekanntmachung der Anklageverfügung (§§. 256, 257) zu stellen. Für das Verfahren in der Berufungsinstanz ist der Antrag auf Bestellung eines Vertheidigers, sofern er nicht schon in erster Instanz gestellt war spätestens binnen einer Frist von drei Tagen nach Bekanntmachung des Termins der Hauptverhandlung (§. 266 Absatz 3, §. 267 Absatz 2, §. 388) zu stellen.

Ueber den Antrag entscheidet außerhalb der Hauptverhandlung der Gerichtsherr, in der Hauptverhandlung das Gericht nach freiem Ermessen.

340. Die Vertheidigung mehrerer Angeklagter kann, insofern dies der Aufgabe der Vertheidigung nicht widerstreitet, durch einen gemeinschaftlichen Vertheidiger geführt werden.

341. Als Vertheidiger werden zugelassen und können von Amtswegen bestellt werden:

1. Personen des Soldatenstandes des aktiven Heeres und der aktiven Marine im Offizierrange;
2. Kriegsgerichtsräthe und die bei den Militärgerichten beschäftigten Assessoren und Referendare (Praktikanten);
3. nicht richterliche obere Militärbeamte;
4. Personen des Beurlaubtenstandes im Offizierrange;
5. Rechtsanwälte, welche von der obersten Militärjustizverwaltung ernannt sind.

Die unter Nr. 1 bis 3 bezeichneten Personen bedürfen zur Uebernahme von Vertheidigungen der Genehmigung der vorgesetzten Dienstbehörde.

Bei den Kriegsgerichten und Oberkriegsgerichten werden durch die oberste Militärjustizverwaltung aus den im Bereiche der Oberkriegsgerichte, bei dem Reichsmilitärgerichte durch seinen Präsidenten aus den am

Sitze des Reichsmilitärgerichts wohnenden Rechtsanwälten nach Maßgabe des Bedürfnisses und nach Befragung der Anwaltskammer mehrere Rechtsanwälte ernannt, welchen die Vertheidigung übertragen werden kann und welche die Uebernahme der Vertheidigung nicht verweigern dürfen.

Einem bei den deutschen Gerichten zugelassenen Rechtsanwalt ist, insoweit bürgerliche Verbrechen oder Vergehen gegen die §§. 133, 156, 159, 160, 253, 263, 266, 267 bis 271, 273, 274 des bürgerlichen Strafgesetzbuchs den Gegenstand der Anklage bilden, auf seinen Antrag die Uebernahme einer Vertheidigung vor dem Militärgerichte vom Gerichtsherrn zu gestatten, wenn nicht eine Gefährdung militärdienstlicher Interessen oder eine Gefährdung der Staatssicherheit zu besorgen ist. Gegen die Versagung der Genehmigung steht dem Antragsteller die Rechtsbeschwerde an die oberste Militärjustizverwaltung zu; der Fortgang des Verfahrens wird durch die Einlegung der Rechtsbeschwerde nicht gehemmt.

342. Bevor im einzelnen Falle ein Vertheidiger von Amtswegen bestellt wird, ist, sofern nicht Dringlichkeit obwaltet, der Angeklagte zu befragen, ob er besondere Wünsche in Betreff der Person des zu bestellenden Vertheidigers zu äußern habe. Die vorgebrachten Wünsche sind nach Möglichkeit zu berücksichtigen.

343. Die Bestellung eines Vertheidigers unterbleibt, oder ist, falls sie bereits erfolgt war, zurückzuziehen, wenn der Angeklagte einen von ihm gewählten Vertheidiger benennt, welcher den Erfordernissen des §. 341 entspricht und zur Uebernahme der Vertheidigung bereit ist.

344. Nach Abschluß des Ermittelungsverfahrens müssen dem Vertheidiger die Untersuchungsakten auf Verlangen vorgelegt werden.

Sofern keine Bedenken entgegenstehen, können die Akten mit Ausnahme der Ueberführungsstücke dem Vertheidiger in seine Wohnung verabfolgt werden.

345. Dem verhafteten Angeklagten ist schriftlicher und mündlicher Verkehr mit dem Vertheidiger gestattet.

Solange die Anklage nicht erhoben ist, kann der Gerichtsherr schriftliche Mittheilungen zurückweisen, falls deren Einsicht ihm nicht gestattet wird.

Bis zu demselben Zeitpunkte kann der Gerichtsherr, sofern die Verhaftung nicht lediglich wegen Verdachts der Flucht gerechtfertigt ist, anordnen, daß den Unterredungen mit dem Vertheidiger ein Kriegsgerichtsrath oder Gerichtsoffizier beiwohne.

346. Bleibt in einem Falle der nothwendigen Vertheidigung (§. 338) oder in einem Falle, in welchem das Gericht die Vertheidigung für sachgemäß erachtet hat (§. 339), der bestellte oder gewählte Vertheidiger in der Hauptverhandlung aus, so muß die Verhandlung ausgesetzt werden. An Stelle des Wahlvertheidigers ist in einem solchen Falle demnächst ein Vertheidiger von Amtswegen zu bestellen.

Wird durch die Schuld des Vertheidigers eine Aussetzung

erforderlich, so sind demselben, vorbehaltlich dienstlicher Ahndung, die hierdurch verursachten Kosten aufzuerlegen.

347. Den bestellten Vertheidigern, welche sich nicht am Gerichtsorte befinden, sind, sofern sie zu den im §. 341 Nr. 1 bis 3 bezeichneten Personen gehören, die verordnungsmäßigen Fuhrkosten und Tagegelder zu zahlen. Vertheidigungsgebühren stehen denselben nicht zu.

348. Im Felde und an Bord finden die Bestimmungen der §§. 342, 344 nur insoweit Anwendung, als die Verhältnisse dies gestatten. Außer den im §. 341 bezeichneten Personen können im Bedürfnißfall auch Angehörige des Heeres oder der Marine, die nicht Offizierrang haben, als Vertheidiger zugelassen und bestellt werden.

Siebenter Abschnitt.

Strafverfügung.

349. Betrifft die Beschuldigung lediglich eine Uebertretung, so kann nach vorausgegangenem Ermittelungsverfahren durch schriftliche Strafverfügung des Gerichtsherrn ohne vorgängige Hauptverhandlung eine Strafe festgesetzt werden. Die Verfügung ist außer von dem Gerichtsherrn von einem Gerichtsoffizier oder einem Kriegsgerichtsrathe zu unterzeichnen.

Durch eine Strafverfügung darf jedoch keine andere Strafe als Haft bis zu vierzehn Tagen oder Geldstrafe und diejenige Haft, welche für den Fall der Unbeibringlichkeit der Geldstrafe an deren Stelle tritt, sowie eine etwa verwirkte Einziehung festgesetzt werden.

Bestehen Bedenken gegen die Festsetzung der Strafe innerhalb dieser Grenzen, so ist nach den im dritten, vierten und fünften Abschnitte dieses Titels gegebenen Vorschriften zu verfahren.

350. Die Strafverfügung ist dem Beschuldigten zuzustellen (§§. 139, 141, 142).

351. Die Strafverfügung muß außer der Festsetzung der Strafe die strafbare Handlung, das angewendete Strafgesetz und die Beweismittel bezeichnen, auch die Eröffnung enthalten, daß sie vollstreckbar werde, wenn der Beschuldigte nicht binnen einer Woche nach der Zustellung bei dem Gerichtsherrn Einspruch erhebe.

Hinsichtlich der Erhebung des Einspruchs finden die Bestimmungen des §. 369 Absatz 2 bis 4 über die Einlegung von Rechtsmitteln Anwendung.

In der dem Beschuldigten zu machenden Eröffnung ist derselbe auf einen oder mehrere der hiernach für die Erhebung des Einspruchs offenstehenden Wege zu verweisen.

352. Auf den Einspruch kann vor Ablauf der Frist verzichtet werden.

353. Eine Strafverfügung, gegen die nicht rechtzeitig Einspruch erhoben worden ist, erlangt die Wirkung eines rechtskräftigen Urtheils.

354. Bei rechtzeitigem Einspruche wird zur Hauptverhandlung geschritten, sofern nicht bis zur Bekanntmachung des Termins derselben (§§. 266, 267) der Einspruch zurückgenommen wird.

355. Das Gericht ist bei der Urtheilsfällung an den in der Strafverfügung enthaltenen Ausspruch nicht gebunden.

Achter Abschnitt.

Verfahren gegen Abwesende.

356. Ein Beschuldigter gilt als abwesend, wenn sein Aufenthalt unbekannt ist, oder wenn er sich im Ausland aufhält und seine Gestellung vor das zuständige Militärgericht nicht ausführbar oder nicht angemessen erscheint.

357. Gegen einen Abwesenden findet eine Hauptverhandlung nicht statt.

Das Verfahren gegen denselben hat sich auf die Sicherung der Beweise für den Fall seiner künftigen Gestellung zu beschränken.

Die Zulassung eines Vertheidigers wird durch die Abwesenheit des Beschuldigten, soweit es sich nicht um Fahnenflüchtige handelt, nicht ausgeschlossen. Zur Wahl eines Vertheidigers sind auch Angehörige des Beschuldigten befugt.

Zeugen und Sachverständige sind, insofern keine Bedenken entgegenstehen, eidlich zu vernehmen.

358. Ein Anspruch auf Benachrichtigung über den Fortgang und das Ergebniß des Verfahrens steht dem abwesenden Beschuldigten nicht zu.

Der Gerichtsherr ist jedoch befugt, einem Abwesenden, dessen Aufenthalt bekannt ist, Benachrichtigungen zugehen zu lassen.

359. Der Abwesende, dessen Aufenthalt unbekannt

ist, kann auf Anordnung des Gerichtsherrn in öffentlichen Blättern zur Gestellung oder zur Anzeige seines Aufenthaltsorts aufgefordert werden.

360. Sind die Voraussetzungen vorhanden, wonach der Abwesende wegen eines Verbrechens oder eines Vergehens vor ein Kriegsgericht zu stellen wäre, so kann durch einen von dem Gerichtsherrn und dem Kriegsgerichtsrathe zu unterzeichnenden Beschluß das im Reiche befindliche Vermögen des Abwesenden mit Beschlag belegt und, sofern die Voraussetzungen der Fahnenflucht vorliegen, der Abwesende für fahnenflüchtig erklärt werden.

Dieser Beschluß ist durch den Reichsanzeiger bekannt zu machen und kann auch noch durch andere Blätter veröffentlicht werden.

361. Mit dem Zeitpunkte der ersten Bekanntmachung in dem Reichsanzeiger verliert der Beschuldigte das Recht, über das in Beschlag genommene Vermögen unter Lebenden zu verfügen.

Der die Beschlagnahme verhängende Beschluß ist derjenigen Behörde mitzutheilen, welche für die Einleitung einer Vormundschaft über Abwesende zuständig ist. Diese Behörde hat eine Güterpflege einzuleiten.

362. Die Beschlagnahme ist aufzuheben, wenn die Gründe derselben weggefallen sind.

Die Aufhebung der Beschlagnahme ist durch dieselben Blätter bekannt zu machen, durch welche die Beschlagnahme selbst veröffentlicht worden war.

Eine entsprechende Bekanntmachung hat zu erfolgen, sobald der Zustand der Fahnenflucht aufhört.

Dritter Titel.

Ordentliche Rechtsmittel.

Erster Abschnitt.

Allgemeine Bestimmungen.

363. Ordentliche Rechtsmittel im Sinne dieses Gesetzes sind die Rechtsbeschwerde, die Berufung und die Revision.

364. Die Rechtsbeschwerde findet nur gegen Beschlüsse und Verfügungen statt.

365. Die Berufung und die Revision finden nur gegen Urtheile der erkennenden Gerichte statt. Diese Rechtsmittel stehen gleichmäßig dem Gerichtsherrn und dem Angeklagten zu.

Hinsichtlich der Urtheile der Feldgerichte und der Bordgerichte sind in diesem Gesetze besondere Bestimmungen getroffen.

366. Gegen die Entscheidungen des Reichsmilitärgerichts findet ein ordentliches Rechtsmittel nicht statt.

367. Der Gerichtsherr kann von den ihm zuständigen Rechtsmitteln auch zu Gunsten des Angeklagten Gebrauch machen.

Jedes seitens des Gerichtsherrn eingelegte Rechtsmittel hat die Wirkung, daß die angefochtene Entscheidung auch zu Gunsten des Angeklagten abgeändert oder aufgehoben werden kann.

368. Die auf die Einlegung oder die Zurücknahme von Rechtsmitteln bezüglichen Erklärungen des Gerichtsherrn sind in Sachen der niederen Gerichtsbarkeit durch einen Gerichtsoffizier, in Sachen der höheren Gerichtsbarkeit durch einen richterlichen Militärjustizbeamten zu den Akten zu beurkunden.

369. Seitens des Beschuldigten sind die auf die Einlegung oder die Zurücknahme von Rechtsmitteln bezüglichen Erklärungen in den Fällen des §. 130 Absatz 4 und des §. 132 Absatz 2 bei dem Gerichtsherrn anzubringen, welchem die Entscheidung zusteht, im Uebrigen bei dem Gerichtsherrn, welcher die angefochtene Verfügung erlassen oder herbeigeführt, oder das Gericht berufen hat, dessen Entscheidung angefochten wird.

Die Erklärungen können schriftlich eingereicht oder zu Protokoll eines Gerichtsoffiziers oder eines richterlichen Militärjustizbeamten oder des nächsten mit Disziplinarstrafgewalt versehenen Vorgesetzten abgegeben werden.

Angeklagte, welche sich nicht auf freiem Fuße befinden, können die Erklärungen überdies zu Protokoll des mit der Aufsicht über das Gefängniß betrauten Offiziers oder Beamten oder, sofern sie nicht dem aktiven Heere oder der aktiven Marine angehören, desjenigen Amtsgerichts geben, in dessen Bezirke das Gefängniß liegt.

Zur Wahrung einer Frist genügt es, wenn innerhalb derselben das Protokoll aufgenommen wird.

Für den Beschuldigten kann auch der Vertheidiger, jedoch nur in dessen ausdrücklichem Auftrage, Rechtsmittel einlegen.

370. Ein Irrthum in der Bezeichnung des zulässigen Rechtsmittels ist unschädlich.

371. Die Zurücknahme eines Rechtsmittels, sowie der Verzicht auf die Einlegung eines Rechtsmittels kann auch vor Ablauf der Frist zur Einlegung desselben wirksam erfolgen. Ein seitens des Gerichtsherrn zu Gunsten des Angeklagten eingelegtes Rechtsmittel kann jedoch nur zurückgenommen werden, wenn letzterer auf dasselbe ausdrücklich verzichtet.

Der Vertheidiger bedarf zur Zurücknahme einer ausdrücklichen Ermächtigung.

372. Hat die Entscheidung über das Rechtsmittel auf Grund mündlicher Verhandlung stattzufinden, so ist die Zurücknahme nach Beginn der Hauptverhandlung nicht mehr zulässig.

Zweiter Abschnitt.

Rechtsbeschwerde.

373. Die Rechtsbeschwerde findet nur statt, soweit sie in diesem Gesetz ausdrücklich zugelassen ist.

374. Erachtet die Stelle, deren Verfügung oder Entscheidung angefochten wird, die Rechtsbeschwerde für begründet, so hat sie derselben abzuhelfen. Anderenfalls ist die Beschwerde sofort der zur Entscheidung darüber zuständigen Stelle vorzulegen. Auf Rechtsbeschwerden gegen die Entscheidung erkennender Gerichte findet der erste Satz keine Anwendung.

375. Durch Einlegung der Rechtsbeschwerde wird der Vollzug der angefochtenen Verfügung oder Entschei-

dung nicht gehemmt. Die Bestimmung des §. 217 Absatz 3 bleibt unberührt.

Die Aussetzung des Vollzugs kann jedoch von demjenigen, der die angefochtene Verfügung oder Entscheidung erlassen hat, oder, sofern es sich um die Entscheidung eines erkennenden Gerichts handelt, von dem Gerichtsherrn, welcher dasselbe berufen hat, angeordnet werden. Gleiche Befugniß hat die zur Entscheidung über die Rechtsbeschwerde zuständige Stelle.

376. Die zur Entscheidung über die Rechtsbeschwerde zuständige Stelle kann etwa erforderliche Ermittelungen anordnen oder selbst vornehmen.

377. Die Entscheidung über die Rechtsbeschwerde erfolgt ohne vorgängige mündliche Verhandlung.

Steht dem Reichsmilitärgerichte die Entscheidung zu, so ist vor derselben die Militäranwaltschaft mit einer schriftlichen oder mündlichen Erklärung zu hören.

Wird die Rechtsbeschwerde für begründet erachtet, so ist zugleich die in der Sache erforderliche Anordnung zu treffen.

Dritter Abschnitt.

Berufung.

378. Die Berufung findet statt gegen Urtheile der Standgerichte und gegen die Urtheile der Kriegsgerichte in erster Instanz.

Durch Berufung kann das Urtheil erster Instanz sowohl in thatsächlicher wie in rechtlicher Beziehung angefochten werden.

379. Die Berufung muß binnen einer Woche nach Verkündung des Urtheils eingelegt werden.

Diese Frist beginnt, falls die Verkündung nicht in Anwesenheit des Angeklagten stattgefunden hat, für diesen mit der Zustellung.

380. Legt der Gerichtsherr Berufung ein, so muß er zugleich erklären, weshalb und inwieweit das Urtheil von ihm angefochten wird.

381. Legt der Angeklagte Berufung ein, so ist ihm das Urtheil mit den Gründen, sofern dies noch nicht geschehen, sofort zuzustellen.

Ist der Angeklagte verhaftet, so ist das Urtheil auch dem Vertheidiger zuzustellen.

382. Sind vom Angeklagten bei Einlegung der Berufung bestimmte Beschwerdepunkte nicht aufgestellt, ist namentlich nicht klar erkennbar, ob er die auf die Schuldfrage bezügliche Entscheidung oder welchen anderen Theil des Urtheils er anfechten will, so ist er durch einen Gerichtsoffizier oder einen Kriegsgerichtsrath darüber zu vernehmen, weshalb und inwieweit das Urtheil von ihm angefochten wird.

Bei der Vernehmung hat sich der Gerichtsoffizier oder Kriegsgerichtsrath jeder Einwirkung auf die Entschließung des Angeklagten zu enthalten.

Ist die in Absatz 1 vorgeschriebene Vernehmung nicht durchführbar, so gilt im Zweifel der ganze Inhalt des Urtheils als angefochten.

383. Durch rechtzeitige Einlegung der Berufung wird

die Rechtskraft des Urtheils, soweit dasselbe angefochten ist, gehemmt.

384. Ist Berufung eingelegt, so hat der Gerichtsherr erster Instanz die Akten dem Gerichtsherrn der Berufungsinstanz vorzulegen.

Gleichzeitig sind, wenn die Berufung vom Gerichtsherrn eingelegt ist, dem Angeklagten die Schriftstücke über Einlegung und Begründung der Berufung zuzustellen.

Der Angeklagte und der Gerichtsherr erster Instanz sind befugt, eine schriftliche Gegenerklärung auf die Begründung der Berufung vor dem Termine zur Hauptverhandlung zu den Akten einzureichen.

385. Der Gerichtsherr der Berufungsinstanz kann das Rechtsmittel als unzulässig zurückweisen, wenn dasselbe nicht innerhalb der gesetzlichen Frist (§. 379) oder nicht auf dem vorgeschriebenen Wege (§. 369) eingelegt ist.

Gegen diese Verfügung findet binnen drei Tagen nach der Zustellung die Rechtsbeschwerde an das Reichsmilitärgericht statt.

386. Wird die Berufung zugelassen, so hat der Gerichtsherr der Berufungsinstanz den Zusammentritt des erkennenden Gerichts (§. 62 Nr. 2, §. 65) zu veranlassen. Mit der Vertretung der Anklage in der Hauptverhandlung ist ein Oberkriegsgerichtsrath oder ein Kriegsgerichtsrath zu beauftragen.

387. Ist in Sachen der niederen Gerichtsbarkeit der kommandirende General (Admiral) Gerichtsherr der Berufungsinstanz, so kann er mit der Zusammenberufung

des erkennenden Kriegsgerichts einen ihm unterstellten Gerichtsherrn beauftragen.

388. Auf die Vorbereitung der Hauptverhandlung finden die Vorschriften der §§. 261 bis 267, 268 bis 271 mit nachstehenden Maßgaben Anwendung.

Insoweit eine wiederholte Vernehmung der in erster Instanz vernommenen Zeugen und Sachverständigen zur Aufklärung der Sache nicht erforderlich erscheint, kann ihre Gestellung oder Ladung unterbleiben.

Neue Beweismittel sind zulässig.

Bei der Auswahl der Zeugen und Sachverständigen ist auf die zur Rechtfertigung der Berufung benannten Personen Rücksicht zu nehmen.

Dem Angeklagten sind gleichzeitig mit der Bekanntgebung des Termins der Hauptverhandlung die von Amtswegen zu ladenden Zeugen und Sachverständigen namhaft zu machen. Läßt der Gerichtsherr nur einen Theil der in erster Instanz vernommenen Zeugen und Sachverständigen laden, so ist der Angeklagte darauf hinzuweisen, daß, wenn er die wiederholte Vernehmung anderer, in der Hauptverhandlung erster Instanz vernommener Zeugen oder Sachverständigen verlangen wolle, er deren Ladung rechtzeitig beantragen müsse (§. 269 Absatz 4), widrigenfalls die Verlesung des über ihre Aussagen aufgenommenen Protokolls ohne seine Zustimmung zulässig sei.

389. Ist das Erscheinen des Angeklagten in der Hauptverhandlung nach dem Ermessen des Gerichts besonders erschwert oder befindet sich derselbe nicht auf freiem Fuße, so kann das Gericht mit seiner Zustimmung beschließen, daß in seiner Abwesenheit zu verhandeln sei.

Im Uebrigen ist, wenn bei dem Beginne der Hauptverhandlung weder der nach §. 267 Absatz 1 geladene Angeklagte noch in den Fällen, in welchen solches zulässig, ein Vertreter desselben erschienen und das Ausbleiben nicht genügend entschuldigt ist, ohne Anwesenheit des Angeklagten über die von dem Angeklagten eingelegte Berufung, sowie über die von dem Gerichtsherrn eingelegte Berufung zu verhandeln oder die Vorführung des Angeklagten anzuordnen oder dessen Verhaftung zu veranlassen. Der Angeklagte kann binnen einer Woche nach Zustellung des Urtheils die Wiedereinsetzung in den vorigen Stand unter den in den §§. 147, 148 bezeichneten Voraussetzungen beanspruchen.

Hinsichtlich der Vertheidigung gelten auch für die Vorbereitung der Hauptverhandlung, wie für die Hauptverhandlung die Bestimmungen der §§. 337 ff.

390. Auf die Hauptverhandlung in der Berufungsinstanz finden die §§. 273 bis 279, 282 bis 293, 331 bis 335 entsprechende Anwendung.

391. Nachdem die Hauptverhandlung nach Vorschrift der §§. 294 bis 296 begonnen hat, erstattet der die Verhandlung führende Kriegsgerichtsrath oder Oberkriegsgerichtsrath in Abwesenheit der Zeugen Bericht über die Ergebnisse des bisherigen Verfahrens. Das Urtheil erster Instanz ist stets zu verlesen.

Sodann folgt die Vernehmung des Angeklagten, falls dieser anwesend ist, und die Beweisaufnahme.

392. Bei der Berichterstattung und der Beweisaufnahme können Schriftstücke verlesen werden. Protokolle über Aussagen der in der Hauptverhandlung erster Instanz vernommenen Zeugen und Sachverständigen dürfen, abgesehen von den Fällen der §§. 305, 307, ohne die Zustimmung des Vertreters der Anklage und des Angeklagten nicht verlesen werden, wenn die Zeugen oder Sachverständigen wiederholt gestellt oder auf wiederholte Ladung erschienen sind oder wenn deren Vorladung von dem Angeklagten rechtzeitig vor der Hauptverhandlung nach Maßgabe des §. 269 Absatz 4 beantragt worden ist. Im übrigen gelten bezüglich der Beweisaufnahme die Bestimmungen der §§. 298 bis 311.

393. Nach dem Schlusse der Beweisaufnahme werden der Vertreter der Anklage, sowie der Angeklagte und sein Vertheidiger mit ihren Ausführungen und Anträgen — und zwar derjenige Theil, welcher die Berufung eingelegt hat, zuerst — gehört. Dem Angeklagten gebührt das letzte Wort. Die Vorschrift des §. 313 findet Anwendung.

394. Der Prüfung des Gerichts unterliegt das Urtheil nur, soweit es angefochten ist.

Im Uebrigen finden die Vorschriften über die Feststellung, Abfassung und Verkündung des Urtheils in erster Instanz (§§. 315 bis 323, §. 324 Absatz 2, §§. 325 bis 327) auf das Verfahren vor dem Berufungsgericht entsprechende Anwendung.

395. Insoweit die Berufung für begründet befunden wird, hat das Berufungsgericht unter Aufhebung des Urtheils in der Sache selbst zu erkennen.

Leidet das Urtheil an einem Mangel, welcher die Revision wegen einer Gesetzesverletzung im Verfahren begründen würde, so kann das Berufungsgericht unter Aufhebung des Urtheils die Sache, wenn die Umstände des Falles es erfordern, zur Entscheidung in die erste Instanz zurückverweisen. In diesem Falle hat der Gerichtsherr der ersten Instanz von Neuem ein erkennendes Gericht zu berufen.

Hat das Gericht erster Instanz mit Unrecht seine Zuständigkeit angenommen, so hat das Berufungsgericht unter Aufhebung des Urtheils die Sache der zuständigen Stelle zu überweisen oder, wenn es selbst für diese Sache als Gericht erster Instanz bestellt werden könnte, in der Sache zu erkennen.

396. War das Urtheil nur von dem Angeklagten oder zu Gunsten des Angeklagten angefochten, so darf eine härtere Strafe als die in erster Instanz erkannte nicht verhängt werden. Die einer Gesammtstrafe zu Grunde liegenden Einzelstrafen dürfen nicht höher als in dem angefochtenen Urtheile bemessen werden.

Vierter Abschnitt.

Revision.

397. Die Revision findet statt gegen die Urtheile der Oberkriegsgerichte.

Insoweit das Urtheil eine der im §. 15 bezeichneten

strafbaren Handlungen zum Gegenstande hat, ist die Revision ausgeschlossen.

398. Die Revision muß binnen einer Woche nach Verkündung des Urtheils eingelegt und nach Maßgabe der nachfolgenden Bestimmungen gerechtfertigt werden.

Die §§. 379 Absatz 2, 381 finden entsprechende Anwendung.

399. Die Revision kann nur darauf gestützt werden, daß das Urtheil auf einer Gesetzesverletzung beruhe.

Gesetzesverletzung ist vorhanden, wenn eine ausdrückliche Vorschrift der Gesetze oder ein Rechtsgrundsatz oder eine militärische Dienstvorschrift oder ein militärdienstlicher Grundsatz nicht oder nicht richtig angewendet worden ist.

400. Ein Urtheil ist stets als auf einer Verletzung des Gesetzes beruhend anzusehen:

1. wenn das erkennende Gericht nicht vorschriftsmäßig besetzt war;
2. wenn bei dem Urtheil ein Richter mitgewirkt hat, welcher von der Ausübung des Richteramts kraft des Gesetzes ausgeschlossen war;
3. wenn bei dem Urtheil ein Richter mitgewirkt hat, nachdem derselbe wegen Besorgniß der Befangenheit abgelehnt war, und das Ablehnungsgesuch entweder für begründet erklärt war oder mit Unrecht verworfen worden ist;
4. wenn das Gericht seine Zuständigkeit mit Unrecht angenommen hat;

5. wenn die Hauptverhandlung in Abwesenheit einer Person, deren Anwesenheit das Gesetz vorschreibt, stattgefunden hat;
6. wenn das Urtheil auf Grund einer mündlichen Verhandlung ergangen ist, bei welcher die Vorschriften über die Oeffentlichkeit des Verfahrens verletzt sind;
7. wenn das Urtheil keine Entscheidungsgründe enthält;
8. wenn die Vertheidigung in einem für die Entscheidung wesentlichen Punkte durch eine Verfügung des Gerichtsherrn oder einen Beschluß des Gerichts unzulässig beschränkt worden ist;
9. wenn das Urtheil in Beziehung auf die Geltung oder Auslegung einer militärischen Dienstvorschrift oder eines militärdienstlichen Grundsatzes mit einer darüber ergangenen Allerhöchsten Entscheidung nicht im Einklange steht.

401. Die Verletzung von Rechtsnormen, welche lediglich zu Gunsten des Angeklagten gegeben sind, kann nicht zu dem Zwecke geltend gemacht werden, um eine Aufhebung des Urtheils zum Nachtheile des Angeklagten herbeizuführen.

402. Der Beurtheilung des Revisionsgerichts unterliegen auch diejenigen Entscheidungen, welche dem Urtheile vorausgegangen sind, sofern dasselbe auf ihnen beruht.

403. Die Rechtfertigung der Revision muß erkennen lassen, inwieweit das Urtheil angefochten und dessen Aufhebung beantragt werde, und die Anträge (Revisionsanträge) begründen.

Aus der Begründung muß, falls die Verletzung einer gesetzlichen Vorschrift oder eines Rechtsgrundsatzes behauptet wird, hervorgehen, ob die Vorschrift oder der Grundsatz das Verfahren betrifft oder anderer Art ist. Ersterenfalls müssen die den Mangel enthaltenden Thatsachen angegeben werden.

404. Hat der Angeklagte Revision eingelegt, jedoch binnen der im §. 398 bestimmten Frist einen begründeten Revisionsantrag bei dem Gerichtsherrn der Berufungsinstanz nicht eingereicht, so ist er durch einen Kriegsgerichtsrath nach Maßgabe des §. 403 über seine Anträge und deren Begründung zu Protokoll zu vernehmen.

405. Durch rechtzeitige Einlegung der Revision wird die Rechtskraft des Urtheils, soweit dasselbe angefochten ist, gehemmt.

406. Der Gerichtsherr der Berufungsinstanz hat die Revisionsanträge mit den Akten an den Präsidenten des Reichsmilitärgerichts einzusenden.

407. Das Reichsmilitärgericht hat das Rechtsmittel durch Beschluß als unzulässig zu verwerfen, wenn dasselbe nicht innerhalb der gesetzlichen Frist (§. 398) oder nicht auf dem vorgeschriebenen Wege (§. 369) eingelegt worden, oder wenn die Revision ungerechtfertigt geblieben ist (§§. 403, 404).

Anderenfalls entscheidet das Reichsmilitärgericht durch Urtheil. Vor der Entscheidung ist die Revisionsrechtfertigung dem anderen Theile zuzustellen. Diesem steht frei, binnen einer Woche eine Gegenerklärung entweder schriftlich einzureichen oder, falls er der Angeklagte ist, einem Kriegsgerichtsrathe zu Protokoll zu erklären.

408. Der Angeklagte, oder auf dessen Verlangen der Vertheidiger, ist von dem Tage der Hauptverhandlung zu benachrichtigen. Der Angeklagte kann in dieser erscheinen oder sich durch seinen Vertheidiger vertreten lassen.

Der nicht auf freiem Fuße befindliche Angeklagte hat keinen Anspruch auf Anwesenheit.

409. Die Hauptverhandlung beginnt mit dem Vortrag eines Berichterstatters.

Hierauf werden die Militäranwaltschaft, sowie der Angeklagte und sein Vertheidiger mit ihren Ausführungen und Anträgen gehört.

Derjenige, welcher die Revision nachgesucht hat, ist zuerst zu hören; dem Angeklagten gebührt in allen Fällen das letzte Wort.

Auf die Hauptverhandlung finden die Bestimmungen der §. 274, §. 275 Absatz 1, §§. 282 bis 289, §. 290 Absatz 1 bis 4, §§. 291, 320, 321, 322 entsprechende Anwendung.

410. Der Prüfung des Revisionsgerichts unterliegen nur die gestellten Revisionsanträge und, insoweit die Revision auf Mängel des Verfahrens gestützt wird, nur diejenigen Thatsachen, welche bei Anbringung der Revisionsanträge bezeichnet worden sind.

Eine weitere Begründung der Revisionsanträge als die im §. 408 Absatz 2 vorgeschriebene ist nicht erforderlich und, wenn sie unrichtig ist, unschädlich.

411. Insoweit die Revision für begründet erachtet wird, ist das angefochtene Urtheil aufzuheben.

Gleichzeitig sind die dem Urtheile zu Grunde liegenden Feststellungen aufzuheben, sofern sie durch die Gesetzesverletzung betroffen werden, wegen deren die Aufhebung des Urtheils erfolgt.

412. Erfolgt die Aufhebung des Urtheils nur wegen Gesetzesverletzung bei Anwendung des Gesetzes auf die dem Urtheile zu Grunde liegenden Feststellungen, so hat das Reichsmilitärgericht in der Sache selbst zu entscheiden, sofern ohne weitere thatsächliche Erörterungen nur auf Einstellung des Verfahrens oder auf Freisprechung zu erkennen ist.

In anderen Fällen ist die Sache zur anderweiten Verhandlung und Entscheidung in die Berufungsinstanz zurückzuverweisen.

Der Präsident des Reichsmilitärgerichts hat behufs weiterer Veranlassung mit dem zuständigen Gerichtsherrn sich in Verbindung zu setzen.

413. Die Verkündung des Urtheils erfolgt durch den Senatspräsidenten nach Vorschrift des §. 327 Absatz 1 und 2 mit der Maßgabe, daß an die Stelle der Frist von drei Tagen eine solche von einer Woche tritt.

414. Erfolgt zu Gunsten eines Angeklagten die Aufhebung des Urtheils wegen Gesetzesverletzung bei Anwendung des Strafgesetzes, und erstreckt sich das Urtheil, soweit es aufgehoben wird, noch auf andere Angeklagte, welche die Revision nicht oder wegen anderer Beschwerdepunkte eingelegt haben, so ist zu erkennen, als ob sie gleichfalls dieselbe Revisionsbeschwerde eingelegt hätten.

Dasselbe gilt, wenn mehrere Personen bei derselben strafbaren Handlung als Thäter, Theilnehmer, Begünstiger oder Hehler betheiligt und hiervon ein Theil durch vorausgegangene militärgerichtliche Erkenntnisse abgeurtheilt ist.

415. Das Gericht, an welches die Sache zur anderweiten Verhandlung und Entscheidung verwiesen ist, hat die rechtliche und militärdienstliche Beurtheilung, welche der Aufhebung des Urtheils zu Grunde gelegt ist, auch seiner Entscheidung zu Grunde zu legen.

Ist das Urtheil nur von dem Angeklagten oder zu Gunsten desselben angefochten worden, so darf das neue Urtheil eine härtere Strafe als die in dem aufgehobenen erkannte nicht verhängen. Die einer Gesammtstrafe zu Grunde liegenden Einzelstrafen dürfen nicht höher als in dem aufgehobenen Urtheile bemessen werden.

Vierter Titel.

Bestätigung der im ordentlichen Verfahren ergangenen Urtheile.

416. Urtheile, die durch ein ordentliches Rechtsmittel nicht mehr anfechtbar sind, werden mit einer Bestätigungsorder versehen.

In der Bestätigungsorder ist zum Ausdrucke zu bringen, daß das Urtheil rechtskräftig geworden und, soweit es auf Verurtheilung lautet, zu vollstrecken ist.

Die Bestätigungsorder ist dem Angeklagten bekannt zu machen.

417. Auf Strafverfügungen (§. 349) finden die Bestimmungen des §. 416 keine Anwendung.

418. Von wem die Bestätigungsorder ertheilt wird, bestimmt für die bei der Marine ergehenden Urtheile der Kaiser, im Uebrigen der zuständige Kontingentsherr.

Fünfter Titel.

Bestätigung und Aufhebung der Urtheile der Feldgerichte und der Bordgerichte.

419. Gegen die im Felde oder an Bord ergangenen Urtheile finden die Rechtsmittel der Berufung und der Revision nicht statt.

420. Die im §. 419 bezeichneten Urtheile erlangen Rechtskraft und Vollstreckbarkeit durch die Bestätigung.

421. Die Bestimmung des §. 420 gilt auch hinsichtlich derjenigen militärgerichtlichen Urtheile, welche zu der Zeit, wo der Angeklagte in ein mobiles Verhältniß tritt, die Rechtskraft noch nicht erlangt haben.

422. Wem das Bestätigungsrecht und das Aufhebungsrecht zusteht, bestimmt der Kaiser.

423. Vor der Entschließung über die Bestätigung hat der Gerichtsherr den Angeklagten, falls dieser verurtheilt ist, durch einen Kriegsgerichtsrath oder einen Offizier protokollarisch darüber vernehmen zu lassen, ob und welche Beschwerden er gegen das Urtheil vorzubringen habe.

Dieser Vernehmung bedarf es nicht, wenn in den

Fällen des §. 421 der Angeklagte bereits ein ordentliches Rechtsmittel eingelegt und begründet hatte.

424. Die Urtheile, deren Bestätigung der Kaiser sich vorbehält, sind demselben durch den Präsidenten des Reichsmilitärgerichts mit einem Gutachten der Militäranwaltschaft vorzulegen.

425. Die Bestätigung anderer Urtheile darf nur auf Grund des schriftlichen Rechtsgutachtens eines richterlichen Militärjustizbeamten oder, in Ermangelung eines solchen, eines zum Richteramte befähigten Beamten oder Offiziers erfolgen, wenn auf Tod, auf Zuchthaus oder auf Gefängniß oder Festungshaft von mehr als einem Jahre erkannt ist.

Lautet ein kriegsgerichtliches Urtheil auf Freisprechung oder auf eine geringere als die im ersten Absatze bezeichnete Strafe, so hat der Befehlshaber, dem die Bestätigung zusteht, eine Begutachtung nur dann anzuordnen, wenn die Entscheidung des Kriegsgerichts vom Antrage des Vertreters der Anklage wesentlich abweicht, oder wenn ihm die Entscheidung aus sonstigen Gründen bedenklich erscheint.

426. Die Begutachtung soll nicht durch einen Beamten oder Offizier geschehen, welcher in der Hauptverhandlung als Richter oder als Vertreter der Anklage oder als Vertheidiger mitgewirkt hat.

427. Der Befehlshaber, welchem die Bestätigung zusteht, kann eine Vervollständigung der Untersuchung anordnen.

428. War das Urtheil in den Fällen des §. 421 durch ein ordnungsmäßig eingelegtes Rechtsmittel bereits angefochten, oder werden in dem Rechtsgutachten (§. 425) gegen die Gesetzlichkeit des Urtheils oder gegen die thatsächliche Feststellung wesentliche Bedenken erhoben, so hat der zur Bestätigung berechtigte Befehlshaber, sofern er nicht selbst über die Aufhebung des Urtheils befinden kann, die Entscheidung des hierfür zuständigen Befehlshabers herbeizuführen.

In derselben Weise ist zu verfahren, wenn der zur Bestätigung berechtigte Befehlshaber entgegen dem Rechtsgutachten Anstand nimmt, die beantragte Bestätigung zu ertheilen. Die Versagung derselben ist schriftlich zu begründen.

429. Bei Urtheilen der Feldstandgerichte und der Bordstandgerichte findet eine Begutachtung nicht statt. Glaubt der Gerichtsherr die Bestätigung versagen zu müssen, so hat er unter Begründung der Versagung die Entscheidung des für die Aufhebung zuständigen Befehlshabers herbeizuführen.

430. Der zur Aufhebung berechtigte Befehlshaber hat nach Einholung des Gutachtens eines ihm zugeordneten richterlichen Militärjustizbeamten darüber zu entscheiden, ob das Urtheil dem Gerichtsherrn zur Ertheilung der Bestätigung zurückzusenden, oder ob dasselbe aufzuheben sei.

431. Die ertheilte Bestätigung ist auf der Urschrift des Urtheils zu vermerken und dem Angeklagten auf dem in den §§. 256, 257 bezeichneten Wege bekannt zu machen.

432. Im Falle der Aufhebung des Urtheils ist die Berufung eines neuen erkennenden Gerichts zu veranlassen. Soweit es erforderlich oder sachgemäß erscheint, ist mit dieser Berufung ein anderer Gerichtsherr als der zuerst mit der Sache befaßte zu betrauen. Zu dem neu zu berufenden Gerichte dürfen die Personen als Richter nicht zugezogen werden, welche bei der früheren Hauptverhandlung mitgewirkt haben.

Der die Aufhebung aussprechende Befehlshaber kann auch die Erledigung der Sache im ordentlichen Verfahren verfügen, sofern die Erledigung nach Lage des Falles bis zur Beendigung des die Anwendbarkeit dieses Titels begründenden Verhältnisses aufgeschoben werden kann.

433. Wird im Laufe eines im Felde oder an Bord eingeleiteten Strafverfahrens der Beschuldigte zu einem immobilen militärischen Verbande versetzt oder einem solchen überwiesen, so findet die Ueberleitung in das ordentliche Verfahren statt.

War jedoch ein Urtheil bereits ergangen, so hat über die Bestätigung der bis dahin zuständige Befehlshaber nach Maßgabe dieses Titels zu befinden. Wird die Bestätigung versagt, so ist das Urtheil dem Angeklagten nach dessen Uebertritt in den immobilen Verband bekannt zu machen (§. 137). Gegen das Urtheil ist binnen der gesetzlichen Frist (§. 379) die Berufung zulässig. Die Frist läuft auch für den Gerichtsherrn vom Tage der Bekanntmachung des Urtheils an den Angeklagten. Die gerichtsherrlichen Befugnisse gehen in einem solchen Falle auf den Gerichtsherrn des immobilen Verbandes über.

434. Bei der Marine steht dem Uebertritte zu einem immobilen Verbande (§. 433) die Ablösung von Bord gleich.

435. Mit der Demobilmachung treten die Bestimmungen dieses Titels außer Anwendung. Noch nicht erledigte Strafsachen sind in das ordentliche Verfahren überzuleiten.

Auf die bei Eintritt der Demobilmachung noch nicht bestätigten Urtheile finden die im §. 433 Absatz 2 für den Fall der Versagung der Bestätigung gegebenen Bestimmungen Anwendung.

Sechster Titel.

Wiederaufnahme eines durch rechtskräftiges Urtheil geschlossenen Verfahrens.

436. Die Wiederaufnahme eines durch rechtskräftiges Urtheil geschlossenen Verfahrens zu Gunsten des Verurtheilten findet statt:

1. wenn eine in der Hauptverhandlung zu seinen Ungunsten als echt vorgebrachte Urkunde fälschlich angefertigt oder verfälscht war;
2. wenn durch ein zu seinen Ungunsten abgelegtes Zeugniß oder abgegebenes Gutachten der Zeuge oder Sachverständige sich einer vorsätzlichen oder fahrlässigen Verletzung der Eidespflicht oder einer wissentlich falschen uneidlichen Aussage schuldig gemacht hat;
3. wenn bei dem Urtheil ein Richter mitgewirkt hat,

welcher sich in Beziehung auf die Sache einer Verletzung seiner Amtspflichten schuldig gemacht hat, sofern diese Verletzung mit einer im Wege des gerichtlichen Strafverfahrens zu verhängenden öffentlichen Strafe bedroht und nicht vom Verurtheilten selbst veranlaßt ist;

4. wenn ein civilgerichtliches Urtheil, auf welches das Strafurtheil begründet ist, durch ein anderes rechtskräftig gewordenes Urtheil aufgehoben ist;

5. wenn neue Thatsachen oder Beweismittel beigebracht sind, aus denen allein oder in Verbindung mit den früher erhobenen Beweisen sich die Unschuld des Verurtheilten, sei es bezüglich der ihm zur Last gelegten That überhaupt, sei es bezüglich eines die Anwendung eines härteren Strafgesetzes begründenden Umstandes, ergiebt oder doch dargethan wird, daß ein begründeter Verdacht gegen den Angeklagten nicht mehr vorliegt.

437. Der Antrag auf Wiederaufnahme des Verfahrens wird weder durch die erfolgte Strafvollstreckung, noch durch den Tod des Verurtheilten, noch durch die Beendigung des die Militärstrafgerichtsbarkeit über den Verurtheilten begründenden Verhältnisses ausgeschlossen.

Im Falle des Todes sind der Ehegatte, die Verwandten aufsteigender und absteigender Linie, sowie die Geschwister des Verstorbenen zu dem Antrage befugt.

438. Die Wiederaufnahme eines durch rechtskräftiges Urtheil geschlossenen Verfahrens zu Ungunsten des Angeklagten findet statt:

1. wenn eine in der Hauptverhandlung zu seinen Gunsten als echt vorgebrachte Urkunde fälschlich angefertigt oder verfälscht war;
2. wenn durch ein zu seinen Gunsten abgelegtes Zeugniß oder abgegebenes Gutachten der Zeuge oder Sachverständige sich einer vorsätzlichen oder fahrlässigen Verletzung der Eidespflicht oder einer wissentlich falschen uneidlichen Aussage schuldig gemacht hat;
3. wenn bei dem Urtheil ein Richter mitgewirkt hat, welcher sich in Beziehung auf die Sache einer Verletzung seiner Amtspflichten schuldig gemacht hat, sofern diese Verletzung mit einer im Wege des gerichtlichen Strafverfahrens zu verhängenden öffentlichen Strafe bedroht ist;
4. wenn von dem Freigesprochenen vor Gericht oder außergerichtlich ein glaubwürdiges Geständniß der strafbaren Handlung abgelegt wird.

439. Eine Wiederaufnahme des Verfahrens zum Zwecke der Aenderung der Strafe innerhalb des durch dasselbe Gesetz bestimmten Strafmaßes findet nicht statt.

440. Ein Antrag auf Wiederaufnahme des Verfahrens, welcher auf die Behauptung einer strafbaren Handlung gegründet werden soll, ist nur dann zulässig, wenn wegen dieser Handlung eine rechtskräftige Verurtheilung ergangen ist, oder wenn die Einleitung oder Durchführung eines Strafverfahrens aus anderen Gründen als wegen Mangels an Beweis nicht erfolgen kann.

441. Die Bestimmungen der §§. 367, 369 Absatz 5 und des §. 370 finden auch bei dem Antrag auf Wiederaufnahme des Verfahrens entsprechende Anwendung.

442. In dem Antrage müssen der gesetzliche Grund der Wiederaufnahme des Verfahrens, sowie die Beweismittel angegeben werden.

Der Antrag ist seitens des Angeklagten oder einer der im §. 437 Absatz 2 bezeichneten Personen bei dem Gerichtsherrn erster Instanz in Gemäßheit des §. 369 Absatz 2 und 3 anzubringen.

443. Ueber die Zulassung des Antrags entscheidet das Reichsmilitärgericht.

Die Entscheidung erfolgt ohne mündliche Verhandlung nach Anhörung der Militäranwaltschaft.

Das Reichsmilitärgericht kann einen Aufschub, sowie eine Unterbrechung der Strafvollstreckung anordnen.

444. Ist der Antrag nicht in der vorgeschriebenen Form angebracht oder ist darin kein gesetzlicher Grund der Wiederaufnahme geltend gemacht oder kein geeignetes Beweismaterial angeführt, so ist der Antrag als unzulässig zu verwerfen.

Anderenfalls ist der Antrag, wenn er von dem Verurtheilten oder im Falle des §. 437 Absatz 2 zu dessen Gunsten gestellt war, der Militäranwaltschaft, wenn er zu Ungunsten des Verurtheilten gestellt war, diesem unter Bestimmung einer Frist zur Erklärung mitzutheilen.

445. Wird der Antrag an sich für zulässig befunden, so veranlaßt das Reichsmilitärgericht die Aufnahme der angetretenen Beweise, soweit diese erforderlich ist, mittelst Ersuchens an einen Gerichtsherrn oder an einen Amtsrichter.

Die Vernehmung der Zeugen und Sachverständigen erfolgt eidlich, soweit die Beeidigung zulässig ist.

Hinsichtlich der Berechtigung der Betheiligten zur Anwesenheit bei der Beweisaufnahme finden die Vorschriften der §§. 165 bis 167 entsprechende Anwendung.

Nach Schluß der Beweisaufnahme sind die Militäranwaltschaft und der Angeklagte unter Bestimmung einer Frist zur ferneren Erklärung aufzufordern.

446. Das Reichsmilitärgericht entscheidet über den zugelassenen Antrag auf Wiederaufnahme des Verfahrens nach Maßgabe des §. 443 Absatz 2.

Der Antrag wird als unbegründet verworfen, wenn die darin aufgestellten Behauptungen keine genügende Bestätigung gefunden haben, oder wenn in den Fällen des §. 436 Nr. 1 und 2 oder des §. 438 Nr. 1 und 2 nach Lage der Sache die Annahme ausgeschlossen ist, daß die in diesen Bestimmungen bezeichnete Handlung auf die Entscheidung Einfluß gehabt hat.

Anderenfalls verordnet das Reichsmilitärgericht die Wiederaufnahme des Verfahrens, sowie die Erneuerung der Hauptverhandlung unter Bezeichnung des Gerichts, bei welchem die letztere stattfinden soll.

447. Ist der Verurtheilte bereits verstorben oder

in eine unheilbare Geisteskrankheit verfallen, so findet eine Erneuerung der Hauptverhandlung nicht statt. Das Reichsmilitärgericht hat vielmehr auf Grund der neuen Ermittelungen ohne mündliche Verhandlung auf Freisprechung zu erkennen oder den Antrag auf Wiederaufnahme abzulehnen.

Mit der Freisprechung ist die Aufhebung des früheren Urtheils zu verbinden.

448. In der erneuten Hauptverhandlung ist entweder das frühere Urtheil aufrecht zu erhalten oder unter Aufhebung desselben anderweit in der Sache zu erkennen.

Ist die Wiederaufnahme des Verfahrens nur von dem Verurtheilten oder zu Gunsten desselben seitens des Gerichtsherrn beantragt worden, so darf das neue Urtheil eine härtere Strafe als die in dem früheren erkannte nicht verhängen.

449. Wird im Wiederaufnahmeverfahren auf Freisprechung erkannt, so ist auf Verlangen des Freigesprochenen, in den Fällen des §. 447 auf Verlangen des Antragstellers, die Aufhebung des früheren Urtheils durch den Deutschen Reichsanzeiger bekannt zu machen. Das Gericht kann anordnen, daß die Bekanntmachung auch durch andere öffentliche Blätter erfolgen soll.

Siebenter Titel.

Strafvollstreckung.

450. Militärgerichtliche Strafurtheile sind nach Maßgabe der Bestätigungsorder, Strafverfügungen (§. 349) nach Maßgabe ihres Inhalts zu vollstrecken.

451. Die Strafvollstreckung wird durch den Gerichtsherrn angeordnet, welcher die Erhebung der Anklage verfügt hat.

452. An geisteskranken oder schwangeren Personen darf ein Todesurtheil nicht vollstreckt werden.

453. Die Vollstreckung einer durch Erschießen zu vollziehenden Todesstrafe erfolgt durch die Militärbehörde.

454. Die Vollstreckung einer durch Enthauptung zu vollziehenden Todesstrafe erfolgt durch die bürgerlichen Behörden auf Grund einer mit der Bescheinigung der Rechtskraft versehenen beglaubigten Abschrift des Urtheils, welcher eine beglaubigte Abschrift der Bestätigungsorder beizufügen ist. Die Bescheinigung und die Beglaubigungen geschehen durch den Gerichtsherrn (§. 451).

455. Die Vollstreckung einer Freiheitsstrafe ist aufzuschieben, wenn der Verurtheilte in Geisteskrankheit verfällt.

Dasselbe gilt bei anderen Krankheiten, wenn von der Vollstreckung eine nahe Lebensgefahr für den Verurtheilten zu besorgen steht.

456. Auf Antrag eines Verurtheilten, welcher nicht zu den Militärpersonen des aktiven Heeres oder der aktiven Marine gehört, kann die Vollstreckung aufgeschoben werden, sofern durch die sofortige Vollstreckung dem Verurtheilten oder der Familie desselben erhebliche, außerhalb des Strafzwecks liegende Nachtheile erwachsen.

Der Strafaufschub darf den Zeitraum von vier Monaten nicht übersteigen.

Die Bewilligung desselben kann an eine Sicherheitsleistung oder andere Bedingungen geknüpft werden.

457. Die Vollstreckung von Arreststrafen kann im Interesse des Dienstes auf Anordnung des kommandirenden Generals (Admirals) aufgeschoben werden.

458. Für den in Untersuchungshaft befindlichen Angeklagten, welcher zu einer Freiheitsstrafe verurtheilt wird, ist die zu verbüßende Strafe vom Tage der Rechtskraft des Urtheils zu berechnen.

Hat der Angeklagte auf Einlegung eines Rechtsmittels verzichtet, so wird die Strafe bereits vom Tage des Verzichts berechnet. Eine entsprechende Berechnung tritt ein, wenn der Angeklagte das eingelegte Rechtsmittel zurückgenommen oder, ohne eine Erklärung abzugeben, die Einlegungsfrist hat verstreichen lassen.

459. Erfolgt in den Fällen des §. 458 die Verhaftung des Angeklagten erst nach den dort bezeichneten Zeitpunkten so wird die Strafe vom Tage der Verhaftung berechnet.

460. Ist der Verurtheilte nach Beginn der Strafvollstreckung, ohne daß eine Unterbrechung derselben angeordnet wird, wegen Krankheit in eine von der Strafanstalt getrennte Krankenanstalt gebracht worden, so ist die Dauer des Aufenthalts in der Krankenanstalt in die Strafzeit einzurechnen, sofern er nicht mit der Absicht die Strafvollstreckung zu unterbrechen, die Krankheit herbeigeführt oder verlängert hat.

461. Ist Jemand durch verschiedene rechtskräftige Urtheile zu Strafen verurtheilt worden, und sind dabei die Vorschriften über die Zuerkennung einer Gesammtstrafe (§. 79 des bürgerlichen Strafgesetzbuchs) außer Betracht geblieben, so sind die erkannten Strafen auf eine Gesammtstrafe zurückzuführen.

Die Entscheidung steht demjenigen Gerichte zu, welches die schwerste Strafart oder bei Strafen gleicher Art die höchste Strafe erkannt hat, falls hiernach aber mehrere Gerichte zuständig sein würden, demjenigen, dessen Urtheil zuletzt ergangen ist. War das hiernach maßgebende Urtheil von einem Gerichte höherer Instanz erlassen, so setzt das Gericht erster Instanz die Gesammtstrafe fest. Sind die Urtheile von Gerichten verschiedener Kontingente erlassen, so ist die Entscheidung von dem Reichsmilitärgerichte zu treffen.

Die Entscheidung erfolgt ohne mündliche Verhandlung; vor der Entscheidung ist dem Vertreter der Anklage und dem Verurtheilten Gelegenheit zu geben, Anträge zu stellen und zu begründen.

Gegen die Entscheidung findet, insofern sie nicht vom Reichsmilitärgericht erlassen ist, die Rechtsbeschwerde an das obere Gericht statt.

462. Die Vollstreckung der auf Geldstrafe lautenden Urtheile und der über eine Vermögensstrafe ergangenen Entscheidungen erfolgt im Wege des Verwaltungszwangsverfahrens nach Maßgabe der dafür geltenden landesherrlichen Bestimmungen.

Die Intendanturen bilden die zur Anordnung und

Leitung des Zwangsverfahrens zuständigen Vollstreckungsbehörden.

463. Kann eine verhängte Geldstrafe nicht beigetrieben werden, und ist die Festsetzung der für diesen Fall eintretenden Freiheitsstrafe unterlassen worden, so ist die Geldstrafe durch Verfügung des Gerichtsherrn der höheren Gerichtsbarkeit in die entsprechende Freiheitsstrafe umzuwandeln. Die Verfügung ist von einem richterlichen Militärjustizbeamten mit zu unterzeichnen.

464. Bestehen über die Auslegung eines Strafurtheils oder über die Berechnung der erkannten Strafe Zweifel, oder sind Einwendungen gegen die Zulässigkeit der Strafvollstreckung erhoben, so ist die Entscheidung des Gerichts, welches erkannt hat, einzuholen.

Dasselbe gilt, wenn nach Maßgabe der §§. 455, 456 Einwendungen gegen die Ablehnung eines Antrags auf Aufschub der Strafvollstreckung erhoben werden.

Der Fortgang der Vollstreckung wird hierdurch nicht gehemmt; der Gerichtsherr kann jedoch den Aufschub oder die Unterbrechung der Vollstreckung anordnen.

Die Bestimmungen des §. 461 Absatz 3 und 4 finden entsprechende Anwendung.

Achter Titel.

Entschädigung der im Wiederaufnahmeverfahren freigesprochenen Personen.

465. Die Vorschriften des Gesetzes, betreffend die Entschädigung der im Wiederaufnahmeverfahren freigesprochenen Personen finden auf die im militärgerichtlichen Verfahren verurtheilten Personen entsprechende Anwendung.

Die Entschädigung wird von der Militärverwaltung desjenigen Kontingents gezahlt, bei dessen Gerichte das Strafverfahren in erster Instanz anhängig war.

466. Bis zum Betrage der geleisteten Entschädigung tritt die Kontingentsverwaltung in die Rechte ein, welche dem Entschädigten gegen Dritte um deswillen zusteht, weil durch deren rechtswidrige Handlungen seine Verurtheilung herbeigeführt war.

467. Ueber die Verpflichtung der Kontingentsverwaltung zur Entschädigung wird durch das im Wiederaufnahmeverfahren erkennende Urtheil Bestimmung getroffen.

468. Wer auf Grund des die Verpflichtung einer Kontingentsverwaltung zur Entschädigung aussprechenden Urtheils einen Anspruch geltend macht, hat diesen Anspruch bei Vermeidung des Verlustes binnen drei Monaten nach Zustellung des Urtheils durch Antrag bei dem Gerichtsherrn, auf dessen Befehl im Wiederaufnahmeverfahren das Gericht erster Instanz erkannt hat, in den Fällen des § 447 bei dem Präsidenten des Reichsmilitärgerichts zu erheben.

Ueber den Antrag entscheidet die oberste Militärjustizverwaltungsbehörde.

Neunter Titel.

Kosten des Verfahrens.

469. Die Kosten des militärgerichtlichen Verfahrens und der durch die Militärbehörden bewirkten Strafvollstreckung fallen der Militärjustizverwaltung zur Last.

Diese Bestimmung findet hinsichtlich der durch die Wahl eines Vertheidigers entstandenen Kosten keine Anwendung.

Die Kosten der durch die bürgerlichen Behörden bewirkten Strafvollstreckung hat der Verurtheilte zu tragen.

470. Sind Strafverfolgungsmaßregeln durch eine wider besseres Wissen gemachte oder auf grober Fahrlässigkeit beruhende Anzeige veranlaßt worden, so kann der Gerichtsherr, nach Beginn der Hauptverhandlung das Gericht dem Anzeigenden, nachdem derselbe gehört worden, die der Militärjustizverwaltung und dem Beschuldigten erwachsenen baaren Auslagen auferlegen.

Binnen vier Wochen nach erfolgter Bekanntmachung findet gegen die Verfügung des Gerichtsherrn die Rechtsbeschwerde an den höheren Gerichtsherrn, gegen die Entscheidung des Gerichts die Rechtsbeschwerde an das obere Gericht statt. Das obere Gericht entscheidet ohne mündliche Verhandlung.

471. Erfolgt die Einstellung eines Strafverfahrens wegen Zurücknahme desjenigen Antrags, durch welchen dasselbe bedingt war, so sind dem Antragsteller die der Militärjustizverwaltung und die dem Beschuldigten erwachsenen baaren Auslagen zur Last zu legen.

Wird in dem Falle des §. 249 Absatz 3 auf Freisprechung oder Einstellung des Verfahrens erkannt, so kann das Gericht dem Antragsteller die Kosten der Militärjustizverwaltung und die dem Beschuldigten erwachsenen nothwendigen Auslagen ganz oder theilweise zur Last legen. Vor der Entscheidung ist der Antragsteller zu hören.

Die Bestimmungen des §. 470 Absatz 2 finden Anwendung.

Urkundlich rc.

Gegeben rc.

II.

Einführungsgesetz zur Militärstrafgerichtsordnung.

1. Die Militärstrafgerichtsordnung tritt an einem durch Kaiserliche Verordnung mit Zustimmung des Bundesraths festzusetzenden Tage, spätestens am 1. Januar 1901, in Kraft.

2. Mit diesem Tage treten für die Strafsachen, deren Entscheidung nach den Bestimmungen der Militärstrafgerichtsordnung zu erfolgen hat, alle im Reichsgebiete geltenden militärstrafprozeßrechtlichen Vorschriften, insbesondere diejenigen über die Bestrafung der Fahnenflüchtigen im Wege des Ungehorsams- (Kontumazial-) Verfahrens, außer Kraft.

Dasselbe gilt von der Bestimmung im §. 2 Absatz 2 des Einführungsgesetzes zum Militärstrafgesetzbuch, insoweit sich dieselbe auf die Bestrafung der Fahnenflüchtigen bezieht.

Unberührt bleiben die Vorschriften, durch welche die Mitglieder der Landgendarmeriekorps der Militärstrafgerichtsbarkeit unterstellt sind. Insoweit letztere nach diesen Vorschriften der Militärstrafgerichtsbarkeit unterstehen, gelten sie im Sinne der Militärstrafgerichtsordnung als Personen des Soldatenstandes des aktiven Heeres.

3. Hinsichtlich der Ausübung der Strafgerichtsbarkeit über Kriegsgefangene und Ausländer in Kriegszeiten und bei kriegerischen Unternehmungen können die Bestimmungen über Bildung der Militärgerichte und das Verfahren durch Kaiserliche Verordnung abgeändert werden.

4. Zuständiger Kontingentsherr im Sinne der Militärstrafgerichtsordnung und dieses Gesetzes ist, soweit nicht Militärkonventionen ein Anderes bestimmen, der Landesherr, dessen Kriegsministerium die Verwaltung hinsichtlich des betreffenden militärischen Verbandes ausübt.

5. Die in der Militärstrafgerichtsordnung für das „Feld" gegebenen Vorschriften gelten:

1. für die Dauer des mobilen Zustandes des Heeres, der Marine oder einzelner Theile des Heeres oder der Marine;
2. für die Besatzung eines festen Platzes, so lange derselbe vom Feinde bedroht ist. Der Eintritt, sowie die Beendigung dieses Zustandes ist vom Gouverneur oder Kommandanten dienstlich bekannt zu machen.

6. Die in der Militärstrafgerichtsordnung für das Verhältniß „an Bord" gegebenen Vorschriften finden Anwendung:

1. auf die zum Dienste in außerheimischen Gewässern bestimmten Schiffe vom Zeitpunkte des Antritts der Reise bis zur Rückkehr in die heimischen Gewässer;

außerdem

2. auf alle Schiffe, so lange sie sich im Kriegszustande befinden.

7. Anordnungen auf Grund der §§. 28, 37 der Militärstrafgerichtsordnung werden im Kriegsfalle, sowie allgemein für die Marine durch den Kaiser, im Uebrigen von den zuständigen Kontingentsherren erlassen.

Anordnungen auf Grund des §. 65 Absatz 2 der Militärstrafgerichtsordnung erfolgen für die Marine durch den Kaiser, für das Heer durch die zuständigen Kontingentsherren.

8. Die näheren Anordnungen in Gemäßheit des §. 114 der Militärstrafgerichtsordnung erfolgen hinsichtlich des Reichsmilitärgerichts in der Geschäftsordnung desselben, im Uebrigen durch die Militärjustizverwaltungen.

9. Entscheidungen und Verfügungen, welche von dem Gerichtsherrn und einem richterlichen Militärjustizbeamten oder einem Gerichtsoffizier gemeinsam zu unterzeichnen sind (Militärstrafgerichtsordnung §. 97 Absatz 2, §. 102 2c.), ergehen nach außen hin, je nach dem Befehlsbereiche des Gerichtsherrn, unter der Bezeichnung:

Gericht des . . . Regiments;
Gericht der . . . Division;
Kommandantur-(Gouvernements-)gericht; 2c.

10. Einer richterlichen Handlung im Sinne des §. 68 des bürgerlichen Strafgesetzbuchs steht gleich jede Handlung, welche von dem Gerichtsherrn, dem untersuchungsführenden und dem die Anklage vertretenden Gerichtsoffizier, Kriegsgerichtsrath oder Oberkriegsgerichtsrathe, sowie in den Fällen des §. 3 des Einführungsgesetzes zum Militärstrafgesetzbuche vom Disziplinarvorgesetzten

wegen der begangenen That gegen den Thäter gerichtet wird.

11. Die zur Ausübung der Militärstrafgerichtsbarkeit berufenen Stellen haben sich gegenseitig Rechtshülfe zu leisten.

Beschwerden über verweigerte Rechtshülfe werden im Aufsichtsweg erledigt.

12. Die bürgerlichen Gerichte haben den zur Ausübung der Militärstrafgerichtsbarkeit berufenen Stellen und diese jenen in den zu ihrer Zuständigkeit gehörigen Strafsachen Rechtshülfe zu leisten.

Insoweit die bürgerlichen Gerichte angegangen werden müssen, ist das Gesuch an das Amtsgericht zu richten, in dessen Bezirke die Amtshandlung vorgenommen werden soll.

Das Ersuchen darf nur abgelehnt werden, wenn dem ersuchten Gerichte die örtliche Zuständigkeit mangelt oder die vorzunehmende Handlung nach dem Rechte des ersuchten Gerichts verboten ist. Beschwerden über Ablehnung des Gesuchs sind an das Oberlandesgericht, zu dessen Bezirke das ersuchte Gericht gehört, in letzter Instanz an das Reichsgericht zu richten. Die Entscheidungen erfolgen ohne vorgängige mündliche Verhandlung.

Kosten der Rechtshülfe werden von der ersuchenden Behörde nicht erstattet.

13. Die bürgerlichen Gerichtsbehörden haben Ersuchen um Rechtshülfe in den zu ihrer Zuständigkeit gehörigen Strafsachen an die im §. 9 bezeichnete Stelle zu richten. Das Ersuchen darf nur abgelehnt werden, wenn die Er-

ledigung desselben außerhalb des Zuständigkeitsbereichs des angegangenen Gerichtsherrn liegt und eine Abgabe an die zuständige Stelle unthunlich erscheint, oder die vorzunehmende Handlung nach dem Rechte der ersuchten Stelle verboten ist. Beschwerden gegen eine ablehnende Verfügung sind an den höheren Gerichtsherrn, in letzter Instanz an das Reichsmilitärgericht zu richten. Die Entscheidungen erfolgen ohne vorgängige mündliche Verhandlung.

Bei Gewährung der Rechtshülfe findet die Bestimmung des §. 12 Absatz 4 entsprechende Anwendung.

14. Hat eine Aburtheilung des Angeklagten sowohl durch ein Militärgericht, wie durch ein bürgerliches Gericht in einer denselben Gegenstand betreffenden Strafsache stattgefunden, so gilt von den ergangenen Urtheilen dasjenige, welches zuerst die Rechtskraft erlangt hat.

Ist in einer bei einem Militärgericht anhängigen Untersuchung durch nicht mehr anfechtbare Entscheidung die Unzuständigkeit der Militärgerichte ausgesprochen worden, weil die Sache zur Zuständigkeit der bürgerlichen Gerichte gehöre, so dürfen die letzteren sich in der Sache nicht mehr deshalb für unzuständig erklären, weil die Militärgerichtsbarkeit Platz greife.

Das Entsprechende gilt für die Militärgerichte, wenn seitens bürgerlicher Gerichte durch nicht mehr anfechtbare Entscheidungen die Unzuständigkeit ausgesprochen ist, weil die Sache zur Zuständigkeit der Militärgerichte gehöre.

15. Geht die Vollstreckung einer Freiheitsstrafe gegen

eine aktive Militärperson gemäß den gesetzlichen Bestimmungen auf die bürgerlichen Behörden über, so erfolgt die Strafvollstreckung durch die Behörden des Heimathsstaats, wenn entweder die strafbare Handlung außerhalb des Bundesgebiets verübt worden ist, oder der Verurtheilte sich im Gebiete des Heimathsstaats aufhält; in anderen Fällen erfolgt die Strafvollstreckung durch die bürgerlichen Behörden des Bundesstaats, in dessen Gebiete die strafbare Handlung verübt worden ist.

16. In den Fällen, in welchen nach §. 42 des bürgerlichen Strafgesetzbuchs oder nach anderweiten gesetzlichen Bestimmungen auf Einziehung, Vernichtung oder Unbrauchbarmachung von Gegenständen selbständig erkannt werden kann, finden, wenn im Falle der Verfolgung einer bestimmten Person der Militärgerichtsstand begründet sein würde, die Bestimmungen der §§. 477 bis 479 der bürgerlichen Strafprozeßordnung mit der Maßgabe Anwendung, daß der Antrag von dem Gerichtsherrn bei demjenigen Gerichte zu stellen ist, in dessen Bezirke die strafbare Handlung begangen ist oder die Gegenstände sich befinden.

17. Auf die Berufsthätigkeit der zum Auftreten vor den Militärgerichten zugelassenen Rechtsanwälte (vgl. §. 341 Nr. 5 der Militärstrafgerichtsordnung) finden der §. 150 der Strafprozeßordnung und die Gebührenordnung für Rechtsanwälte vom 7. Juli 1879 (Reichs-Gesetzbl. S. 176) entsprechende Anwendung.

Im Sinne des §. 63 der Gebührenordnung stehen

den Strafkammern die Kriegsgerichte, dem Reichsgerichte das Reichsmilitärgericht gleich.

18. Wer die nach §. 286 der Militärstrafgerichtsordnung ihm auferlegte Pflicht der Geheimhaltung durch unbefugte Mittheilung verletzt, wird mit Geldstrafe bis zu eintausend Mark oder mit Haft oder mit Gefängniß bis zu sechs Monaten bestraft. Gegen Personen des Soldatenstandes des aktiven Heeres oder der aktiven Marine tritt Freiheitsstrafe (Militärstrafgesetzbuch §. 16) bis zu sechs Monaten ein; die Ahndung kann in leichteren Fällen im Disziplinarweg erfolgen (§. 8 des Einführungsgesetzes zum Militärstrafgesetzbuche).

Soweit im militärgerichtlichen Verfahren die Oeffentlichkeit der Verhandlung wegen Gefährdung der Staatssicherheit oder der militärdienstlichen Interessen (§. 283 der Militärstrafgerichtsordnung) ausgeschlossen war, dürfen Berichte über die Verhandlung durch die Presse nicht veröffentlicht werden. Das Gleiche gilt auch nach der Beendigung des Verfahrens in Betreff der Veröffentlichung der Anklageschrift oder anderer amtlicher Schriftstücke des Verfahrens. Zuwiderhandlungen unterliegen der im Absatz 1 bestimmten Strafe.

19. Die in den Fällen der §§. 345, 355, 374 der Civilprozeßordnung und der §§. 50, 69, 77 der bürgerlichen Strafprozeßordnung den Militärgerichten zugewiesene Festsetzung der Strafe erfolgt durch den Gerichtsherrn nach Maßgabe des §. 97 Absatz 2ff. der Militärstrafgerichtsordnung; die den Militärgerichten zugewiesene

Vollstreckung der Strafe erfolgt auf Anordnung des Gerichtsherrn.

20. Soweit reichs- oder landesrechtlich den Auditeuren außerhalb des Bereichs der Militärstrafrechtspflege Handlungen der streitigen oder freiwilligen Gerichtsbarkeit, Verrichtungen der Staatsanwaltschaft oder andere juristische Geschäfte zugewiesen sind, treten an die Stelle der Auditeure die Kriegsgerichtsräthe oder Oberkriegsgerichtsräthe.

21. Außerhalb des Gebiets der Militärstrafrechtspflege können im Verwaltungswege den Kriegsgerichtsräthen oder Oberkriegsgerichtsräthen dienstliche Verrichtungen insoweit übertragen werden, als es sich um Geschäfte der freiwilligen Gerichtsbarkeit oder andere juristische Geschäfte im Bereiche der Militärverwaltung handelt.

22. Das Geschäftsjahr ist das Kalenderjahr.

Tritt die Militärstrafgerichtsordnung nicht mit Beginn des Kalenderjahrs in Kraft, so gilt das angefangene Kalenderjahr als erstes Geschäftsjahr.

23. Die am Tage des Inkrafttretens der Militärstrafgerichtsordnung bei den bürgerlichen Gerichten anhängigen Strafsachen, für welche nach den Vorschriften der Militärstrafgerichtsordnung in Zukunft die Militärgerichte zuständig sein würden, gehen an die letzteren nur dann über, wenn das Hauptverfahren noch nicht eröffnet worden war.

24. Für die am Tage des Inkrafttretens der Militärstrafgerichtsordnung anhängigen militärgerichtlichen Strafsachen gilt Folgendes:

1. Die Erledigung einer anhängigen Strafsache erfolgt nach den Vorschriften der Militärstrafgerichtsordnung.
2. War vor dem Tage des Inkrafttretens der Militärstrafgerichtsordnung ein Endurtheil erster Instanz ergangen, so finden auf die Erledigung der Sache bis zur rechtskräftigen Entscheidung die bisherigen Prozeßgesetze Anwendung.
3. Wird ein vor dem Tage des Inkrafttretens der Militärstrafgerichtsordnung ergangenes Endurtheil erster Instanz aufgehoben und die Sache zur nochmaligen Entscheidung verwiesen, so regelt sich das weitere Verfahren nach den Vorschriften der Militärstrafgerichtsordnung.
4. War das vor dem Tage des Inkrafttretens der Militärstrafgerichtsordnung ergangene Urtheil ein die Bestrafung eines Fahnenflüchtigen betreffendes Ungehorsams-(Kontumazial-)Urtheil, so regelt sich das nach der Rückkehr des Verurtheilten einzuleitende gewöhnliche Verfahren nach den Vorschriften der Militärstrafgerichtsordnung. In dem ergehenden neuen Urtheil ist das frühere Ungehorsams-(Kontumazial-)Urtheil aufzuheben. Hinsichtlich einer bereits eingezogenen Geldstrafe finden die bisherigen Bestimmungen Anwendung.
5. Für die Wiederaufnahme eines durch rechtskräftiges Urtheil geschlossenen Verfahrens sind die Vorschriften der Militärstrafgerichtsordnung auch dann maßgebend, wenn das Urtheil vor dem Tage des

Inkrafttretens der Militärstrafgerichtsordnung erlassen oder rechtskräftig geworden war.

6. Auf die Strafvollstreckung finden die Vorschriften der Militärstrafgerichtsordnung Anwendung, auch wenn die Strafe nach den bisherigen Vorschriften über das Verfahren erkannt ist.

25. Ueber die Aufhebung der bestehenden Militärgerichte und staatsanwaltschaftlichen Behörden bei denselben, sowie darüber, ob und inwieweit solche mit Rücksicht auf die Vorschrift des §. 24 Nr. 2 einstweilen fortbestehen, oder welche Beamte im Falle der Aufhebung an die Stelle der bisherigen Militärjustizbeamten treten sollen, wird für die Marine durch Kaiserliche Verordnung, im Uebrigen durch Verordnung des betreffenden Kontingentsherrn Bestimmung getroffen.

Für die Fälle des §. 24 Nr. 2 können die Befugnisse der obersten Militärgerichte durch Kaiserliche Verordnung auf Antrag der Kontingentsherren dem Reichsmilitärgericht übertragen werden.

26. Die bei den aufgehobenen Behörden etatsmäßig angestellten Beamten müssen sich ihre anderweite Verwendung nach Maßgabe der in den §§. 27 bis 31 enthaltenen Bestimmungen gefallen lassen.

27. Die richterlichen Militärjustizbeamten, die Beamten der Militärstaatsanwaltschaft und die rechtskundigen Sekretäre bei den Militärgerichten sind als Militärrichter im Sinne der Militärstrafgerichtsordnung, oder als Beamte der Militäranwaltschaft beim Reichsmilitärgericht anzustellen.

Sie dürfen in ihrem Range und in ihrem Diensteinkommen nicht verkürzt werden. Als eine Verkürzung des Diensteinkommens ist es nicht anzusehen, wenn die Gelegenheit zur Verwaltung von Nebenämtern entzogen wird oder die Beziehung der für die Dienstunkosten besonders ausgesetzten Einnahmen mit diesen Unkosten selbst fortfällt. Servis und Wohnungsgeldzuschuß werden nach dem Orte der neuen Anstellung gewährt.

Im Uebrigen erfolgt die Berechnung des Diensteinkommens nach den für den Fall der Pensionirung maßgebenden Grundsätzen.

28. Sofern diese Beamten nicht anderweit angestellt oder in den Ruhestand versetzt werden, bleiben sie während eines Zeitraums von drei Jahren zur Verfügung der Militärjustizverwaltung und werden auf einem besonderen Etat geführt.

Beamte, welche das 65. Lebensjahr vollendet haben, können ihre Versetzung in den Ruhestand beanspruchen.

29. Die zur Verfügung der Militärjustizverwaltung verbleibenden Beamten haben sich nach Anordnung derselben der zeitweiligen Wahrnehmung solcher Aemter zu unterziehen, zu deren dauernder Uebernahme sie verpflichtet sein würden.

Erfolgt die Beschäftigung außerhalb des Ortes ihrer letzten Anstellung, so erhalten sie die gesetzmäßigen Reisegebührnisse.

Diejenigen, welche während des dreijährigen Zeitraums eine etatsmäßige Stellung nicht erhalten, treten nach Ablauf desselben in den Ruhestand.

30. Auf Beamte, welche in Gemäßheit der Bestimmungen dieses Gesetzes in den Ruhestand treten oder zur Verfügung der Militärjustizverwaltung verbleiben, auf letztere auch dann, wenn sie während des im §. 28 bezeichneten Zeitraums dienstunfähig werden, finden die Vorschriften des §. 27 mit der Maßgabe Anwendung, daß den in den Ruhestand tretenden Beamten Servis und Wohnungsgeldzuschuß nach den für den Fall der Pensionirung geltenden Durchschnittssätzen, den zur Verfügung der Militärjustizverwaltung stehenden Beamten der Wohnungsgeldzuschuß und Servis während des dreijährigen Zeitraums in dem vollen Betrage zu gewähren ist.

31. Die nicht im höheren Militärjustizdienst angestellten Beamten sind ihren bisherigen Verhältnissen, ihren Fähigkeiten und ihrem Dienstalter thunlichst entsprechend anzustellen.

Auf die von neuem angestellten Beamten finden die Vorschriften des §. 27 entsprechende Anwendung.

Beamte, welche nicht wieder angestellt werden, treten einstweilen in den Ruhestand. Denselben ist, vorbehaltlich weitergehender wohlerworbener Rechte, ein nach §. 26 des Reichsbeamtengesetzes vom 31. März 1873 zu bemessendes Wartegeld zu gewähren. Die Berechnung des dem Wartegelde zu Grunde zu legenden Diensteinkommens erfolgt nach den für den Fall der Pensionirung maßgebenden Grundsätzen. Servis und Wohnungsgeldzuschuß werden mit dem für die Pensionirung geltenden Durchschnittssatze dem übrigen Diensteinkommen hinzugerechnet.

Diese Beamten haben sich nach Anordnung der

Militärjustizverwaltung der zeitweiligen Wahrnehmung solcher Aemter zu unterziehen, welche ihren Fähigkeiten und ihren bisherigen Verhältnissen entsprechen. Während der Dauer dieser Beschäftigung erhalten sie ihr früheres Diensteinkommen unverkürzt und, sofern die Beschäftigung außerhalb des Ortes ihrer letzten Anstellung erfolgt, die gesetzmäßigen Reisegebührnisse und eine von der Militärjustizverwaltung nach dem erforderlichen Mehraufwande festzusetzende Entschädigung.

32. Die Bestimmungen der Militärstrafgerichtsordnung im §. 80 Satz 2, §. 94 Absatz 1, §. 106 Absatz 2 finden auf richterliche und staatsanwaltschaftliche Militärjustizbeamte, welche vor dem Inkrafttreten der Militärstrafgerichtsordnung bereits angestellt sind, keine Anwendung.

33. Die Militärstrafgerichtsordnung und dieses Gesetz kommen in Bayern nach näherer Bestimmung des Bündnißvertrags vom 23. November 1870, in Württemberg nach näherer Bestimmung der Militärkonvention vom 21./25. November 1870 zur Anwendung.

Die Einrichtung der obersten militärgerichtlichen Instanz mit Rücksicht auf die Verhältnisse Bayerns wird anderweit gesetzlich geregelt.

Urkundlich ꝛc.

Gegeben ꝛc.

III.

Gesetz,

betreffend

die Dienstvergehen der richterlichen Militärjustiz-
beamten und die unfreiwillige Versetzung
derselben in eine andere Stelle oder in den Ruhestand.

Allgemeine Bestimmungen über Dienstvergehen und deren Bestrafung.

1. Ein richterlicher Militärjustizbeamter, welcher die Pflichten verletzt, die ihm sein Amt auferlegt, oder in oder außer dem Amte sich ein seiner amtlichen Stellung nicht würdiges Verhalten zu Schulden kommen läßt (Reichsbeamtengesetz vom 31. März 1873 §. 10), macht sich eines Dienstvergehens schuldig.

2. Wegen geringer Dienstvergehen können im Aufsichtswege Mahnungen ertheilt werden. Bei dem Reichsmilitärgericht erfolgen sie durch den Präsidenten desselben im Einverständnisse mit dem Vorsitzenden des Disziplinarhofs, im Uebrigen durch die oberste Behörde der Militärjustizverwaltung (vergl. Militärstrafgerichtsordnung §§. 111, 112).

Erscheint eine Mahnung nicht ausreichend, so tritt Disziplinarbestrafung nach Maßgabe der Bestimmungen dieses Gesetzes ein.

Die Vorschriften der Disziplinarstrafordnungen für das Heer und die Marine, betreffend die Disziplinarstrafgewalt der Militärbefehlshaber über Militärbeamte, bleiben unberührt.

3. Disziplinarstrafen sind:

1. Warnung,
2. Verweis,
3. Geldstrafe,
4. Strafversetzung,
5. Dienstentlassung.

Die Geldstrafe darf den Betrag des einmonatlichen Diensteinkommens nicht übersteigen. Neben einem Verweis und neben der Strafversetzung kann auf Geldstrafe erkannt werden.

Gegen Mitglieder des Reichsmilitärgerichts kann auf Strafversetzung nicht erkannt werden.

Die Strafversetzung erfolgt in ein anderes Amt von gleichem Range ohne Verminderung des Diensteinkommens und wird durch die oberste Behörde der Militärjustizverwaltung in Ausführung gebracht.

Die Dienstentlassung hat den Verlust des Titels und des Pensionsanspruchs von Rechtswegen zur Folge.

Lassen besondere Umstände eine mildere Beurtheilung zu, so ist das Disziplinargericht berechtigt, in seiner Entscheidung zugleich festzusetzen, daß dem Beschuldigten ein Theil des gesetzlichen Pensionsbetrags auf Lebenszeit oder auf gewisse Jahre zu belassen sei.

4. Welche der im §. 3 bestimmten Strafen anzuwenden sei, ist nach der größeren oder geringeren Erheblichkeit des Dienstvergehens mit besonderer Rücksicht auf die gesammte Führung des Beschuldigten zu ermessen.

5. Im Laufe einer gerichtlichen Untersuchung darf

gegen den Beschuldigten ein Disziplinarverfahren wegen der nämlichen Thatsachen nicht eingeleitet werden.

Ist im Laufe eines Disziplinarverfahrens wegen der nämlichen Thatsachen eine gerichtliche Untersuchung gegen den Beschuldigten eröffnet, so ist das Disziplinarverfahren bis zur Beendigung des gerichtlichen Verfahrens auszusetzen.

6. Ist strafgerichtlich auf Freisprechung erkannt, so findet wegen derjenigen Thatsachen, welche den Gegenstand der Untersuchung gebildet haben, ein Disziplinarverfahren nur noch insofern statt, als dieselben an sich und ohne ihre Beziehung zu dem gesetzlichen Thatbestande der strafbaren Handlung, auf welche die Untersuchung sich erstreckte, ein Dienstvergehen enthalten.

Ist in einer gerichtlichen Untersuchung eine Verurtheilung erfolgt, welche den Verlust des Amtes nicht zur Folge gehabt hat, so bleibt der zuständigen Stelle (vergl. §§. 15, 21) die Entscheidung darüber vorbehalten, ob außerdem ein Disziplinarverfahren einzuleiten oder fortzusetzen sei.

Verfassung und Zuständigkeit der Disziplinargerichte.

7. Disziplinargerichte sind:

in erster Instanz die Disziplinarkammern,

in zweiter Instanz der Disziplinarhof.

Für die juristischen Mitglieder des Reichsmilitärgerichts bildet der Disziplinarhof die erste und letzte Instanz.

8. Für den Bereich eines oder mehrerer Armeekorps, sowie für die Marine wird je eine Disziplinarkammer gebildet, die ihren Sitz am Orte eines der betheiligten Generalkommandos, bei der Marine am Sitze des Oberkommandos derselben hat.

Die Disziplinarkammer besteht aus fünf Mitgliedern, und zwar aus den in ihrem Bereich angestellten Oberkriegsgerichtsräthen und der erforderlichen Zahl von Kriegsgerichtsräthen.

Sind in dem Bereiche der Disziplinarkammer mehr als fünf Oberkriegsgerichtsräthe vorhanden, so bilden die fünf dienstältesten und bei gleichem Dienstalter die der Geburt nach älteren die Disziplinarkammer. Die übrigen Oberkriegsgerichtsräthe treten bei Verhinderung von Mitgliedern der Disziplinarkammer in gleicher Reihenfolge als Stellvertreter ein.

Soweit die vorhandenen Oberkriegsgerichtsräthe zur Bildung der Disziplinarkammer nicht ausreichen, werden von der obersten Behörde der Militärjustizverwaltung Kriegsgerichtsräthe für die Dauer ihres Hauptamts zu Mitgliedern der Disziplinarkammer und zu Stellvertretern ernannt.

Wird eine Disziplinarkammer durch Ausscheiden ausgeschlossener oder abgelehnter Mitglieder und deren Stellvertreter (vgl. §. 14) oder aus einem anderen Grunde beschlußunfähig, so können die fehlenden Mitglieder durch Mitglieder einer anderen richterlichen Disziplinarkammer ersetzt werden. Die Anordnung erfolgt im Verwaltungswege.

Den Vorsitz in der Disziplinarkammer führt der dem Dienstalter bezw. der Geburt nach älteste Oberkriegsgerichtsrath, in Ermangelung eines Oberkriegsgerichtsraths der älteste Kriegsgerichtsrath.

9. Zuständig ist diejenige Disziplinarkammer, in deren Bezirke der Beschuldigte zur Zeit der Eröffnung des Disziplinarverfahrens seinen dienstlichen Wohnsitz hat.

Die Disziplinarkammer der Marine ist zuständig für alle richterlichen Militärjustizbeamten der Marine.

10. Der Disziplinarhof kann auf Antrag des Vertreters der Staatsanwaltschaft oder des Beschuldigten die Verweisung der Sache an eine andere Disziplinarkammer beschließen, wenn Gründe vorliegen, welche die Unbefangenheit der zuständigen Disziplinarkammer zweifelhaft erscheinen lassen.

11. Der Disziplinarhof wird bei dem Reichsmilitärgericht aus den juristischen Mitgliedern dieses Gerichts gebildet. Zur Beschlußfähigkeit gehört die Anwesenheit von mindestens sieben derselben, einschließlich des Vorsitzenden.

Den Vorsitz führt derjenige Senatspräsident, welcher dem Dienstalter und bei gleichem Dienstalter der Geburt nach der älteste ist.

Im Behinderungsfalle gehen die Geschäfte des Vorsitzenden auf den nächstältesten Senatspräsidenten und in Ermangelung eines solchen auf den ältesten Rath des Reichsmilitärgerichts über.

12. Der Geschäftsgang bei dem Disziplinarhofe wird

durch eine Geschäftsordnung geregelt, welche von diesem auszuarbeiten und durch den Präsidenten des Reichsmilitärgerichts dem Kaiser zur Bestätigung vorzulegen ist.

Die Geschäftsordnung der Disziplinarkammern ist von der obersten Behörde der Militärjustizverwaltung zu erlassen.

13. Die Verrichtungen der Staatsanwaltschaft werden bei den Disziplinarkammern von einem durch die oberste Behörde der Militärjustizverwaltung für jeden einzelnen Fall besonders zu benennenden Kriegsgerichtsrath, bei dem Disziplinarhofe von dem Obermilitäranwalte wahrgenommen.

Den Dienst des Gerichtsschreibers versieht bei den Disziplinarkammern der Gerichtsschreiber eines der betreffenden Oberkriegsgerichte, bei dem Disziplinarhofe ein Gerichtsschreiber des Reichsmilitärgerichts.

14. Die Bestimmungen der Militärstrafgerichtsordnung über Ausschließung und Ablehnung der Gerichtspersonen (§§. 122 bis 134) finden auf die Mitglieder der Disziplinargerichte entsprechende Anwendung.

Im Verfahren vor dem Disziplinarhofe steht das Ablehnungsrecht auch dem Obermilitäranwalte zu.

Ueber die Ausschließung oder Ablehnung entscheidet das Disziplinargericht, welchem der abgelehnte Richter angehört.

Ablehnungsgesuche wegen Besorgniß der Befangenheit sind bei Vermeidung des Ausschlusses spätestens vor Beginn der Hauptverhandlung bei demjenigen Disziplinargericht anzubringen, welchem die abzulehnenden Mitglieder angehören.

Die Entscheidungen sind endgültig.

Verfahren bei den Disziplinargerichten.

15. Der Verhängung einer Disziplinarstrafe muß ein förmliches Disziplinarverfahren vorhergehen. Die Einleitung desselben wird hinsichtlich der Mitglieder des Reichsmilitärgerichts durch den Präsidenten desselben im Einverständnisse mit dem Vorsitzenden des Disziplinarhofs, hinsichtlich der übrigen richterlichen Militärjustizbeamten durch die oberste Behörde der Militärjustizverwaltung verfügt.

16. Das Disziplinarverfahren besteht in einem schriftlichen Ermittelungsverfahren und in einer mündlichen Verhandlung.

17. Mit der Vornahme der Ermittelungen wird von dem Vorsitzenden des Disziplinargerichts ein Mitglied des letzteren beauftragt.

Das Ermittelungsverfahren hat den Zweck, den Sachverhalt soweit aufzuklären, daß eine Entscheidung darüber getroffen werden kann, ob das Verfahren einzustellen, oder die Sache zur Hauptverhandlung zu verweisen sei.

Der Beschuldigte wird unter Mittheilung der Beschuldigungspunkte vorgeladen und der Vertreter der Staatsanwaltschaft zugezogen. Sie werden, wenn sie erscheinen, mit ihren Erklärungen und Anträgen gehört.

Die Zeugen werden, nach Befinden eidlich, vernommen und die sonstigen Beweise erhoben.

Den Vernehmungen der Zeugen darf weder der Vertreter der Staatsanwaltschaft, noch der Beschuldigte beiwohnen.

Die Verhaftung, vorläufige Festnahme oder Vorführung des Beschuldigten ist unzulässig.

18. Ueber jede Untersuchungshandlung ist ein Protokoll unter Beobachtung der im §. 163 der Militärstrafgerichtsordnung enthaltenen Vorschriften aufzunehmen.

19. Erachtet der mit Vornahme der Ermittelungen beauftragte Richter die Untersuchung für geschlossen, so legt er die Akten dem Vertreter der Staatsanwaltschaft vor.

Beantragt dieser eine Ergänzung der Ermittelungen, so hat der Untersuchungsführer, wenn er dem Antrage nicht stattgeben will, die Entscheidung des Disziplinargerichts einzuholen.

20. Nach geschlossenem Ermittelungsverfahren ist dem Beschuldigten der Inhalt der erhobenen Beweismittel mitzutheilen. Darauf werden die Akten dem Vertreter der Staatsanwaltschaft zur Stellung seiner Anträge vorgelegt.

21. Auf Grund der Ergebnisse des Ermittelungsverfahrens hat hinsichtlich der Mitglieder des Reichsmilitärgerichts der Präsident desselben im Einverständnisse mit dem Vorsitzenden des Disziplinarhofs, im Uebrigen die oberste Behörde der Militärjustizverwaltung darüber zu befinden, ob der Beschuldigte außer Verfolgung zu setzen und das Verfahren einzustellen, oder ob die Sache zur Hauptverhandlung zu verweisen sei.

22. Einstellung des Verfahrens hat auch dann zu erfolgen, wenn der Beschuldigte seine Entlassung aus dem Dienste mit Verzicht auf Titel, Gehalt und Pensionsanspruch nachsucht, vorausgesetzt, daß er seine amtlichen Geschäfte bereits erledigt hat.

Die Kosten des eingestellten Verfahrens fallen dem Beschuldigten zur Last.

23. Wegen der nämlichen Anschuldigungspunkte ist die Wiederaufnahme eines eingestellten Disziplinarverfahrens nur auf Grund neuer Beweise und nur während eines Zeitraums von fünf Jahren, vom Tage des Einstellungsbeschlusses ab, zulässig.

24. Wird die Sache zur Hauptverhandlung verwiesen, so finden im Weiteren die Bestimmungen der §§. 101 bis 118 des Reichsbeamtengesetzes vom 31. März 1873 entsprechende Anwendung.

25. Die Bestimmungen der Militärstrafgerichtsordnung, betreffend die Berechnung der Fristen (§. 146), die Wiedereinsetzung in den vorigen Stand (§§. 147, 148, 149 Absatz 1 bis 3), die Vernehmung von Zeugen (§§. 185 ff.) und die Zuziehung von Sachverständigen (§§. 208 ff.), finden mit der Maßgabe entsprechende Anwendung, daß gegen Entscheidungen des Disziplinarhofs eine Rechtsbeschwerde nicht stattfindet, und daß über Rechtsbeschwerden gegen Entscheidungen und Verfügungen der Disziplinarkammern der Disziplinarhof entscheidet.

26. Die im Disziplinarverfahren an den Vertreter

der Staatsanwaltschaft nöthig werdenden Zustellungen erfolgen durch Vorlegung der Urschrift des zuzustellenden Schriftstücks. Beginnt mit der Zustellung der Lauf einer Frist, so ist der Tag der Vorlegung auf der Urschrift zu vermerken.

Die sonstigen Zustellungen erfolgen nach Maßgabe der §§. 136 bis 145 der Militärstrafgerichtsordnung.

27. Die im Disziplinarverfahren ergehenden Entscheidungen sind mit Gründen zu versehen.

28. Für die Abstimmung finden bei den Disziplinargerichten die Vorschriften der §§. 322, 324 der Militärstrafgerichtsordnung mit der Maßgabe entsprechende Anwendung, daß im Disziplinarhofe bei Stimmengleichheit die Stimme des Vorsitzenden den Ausschlag giebt.

29. Für das Disziplinarverfahren werden weder Gebühren noch Stempel, sondern nur baare Auslagen in Ansatz gebracht.

Wird der Beschuldigte verurtheilt, so hat er die baaren Auslagen des Verfahrens ganz oder theilweise zu erstatten. Ueber die Erstattungspflicht entscheidet das Disziplinarerkenntniß.

Vorläufige Dienstenthebung.

30. Die Bestimmungen der §§. 125 bis 130 Absatz 1, §. 131 des Reichsbeamtengesetzes vom 31. März 1873 finden mit der Maßgabe entsprechende Anwendung, daß an die Stelle der obersten Reichsbehörde diejenige Be-

hörde tritt, welcher die Einleitung des Disziplinarverfahrens zusteht (§. 15).

31. Für die Verhältnisse im Felde und an Bord kann durch Kaiserliche Verordnung den höheren Befehlshabern die Befugniß eingeräumt werden, einen richterlichen Militärjustizbeamten, der nach ihrer pflichtmäßigen Ueberzeugung seine Bestimmung nicht erfüllt, aus seiner Feldstelle (Bordstelle) zu entlassen.

Unfreiwillige Versetzung in eine andere Stelle.

32. Die unfreiwillige Versetzung eines Mitglieds des Reichsmilitärgerichts findet nicht statt.

Die unfreiwillige Versetzung eines Oberkriegsgerichtsraths oder Kriegsgerichtsraths kann, abgesehen von den Fällen der §§. 95, 96 der Militärstrafgerichtsordnung und von dem Falle einer Strafversetzung, nur erfolgen, wenn sie durch das Interesse der Militärrechtspflege dringend geboten ist.

Die Versetzung darf in diesem Falle nur in eine andere Militärrichterstelle von gleichem Range ohne Verminderung des Diensteinkommens erfolgen.

33. Die Anerkennung der Nothwendigkeit der unfreiwilligen Versetzung in eine andere Stelle erfolgt auf Antrag der obersten Behörde der Militärjustizverwaltung durch den Disziplinarhof. Die Ausführung geschieht durch die genannte Verwaltungsbehörde.

Unfreiwillige Versetzung in den Ruhestand.

34. Die zwangsweise Versetzung eines richterlichen

Militärjustizbeamten in den Ruhestand tritt ein, wenn er durch ein körperliches Gebrechen oder wegen Schwäche seiner körperlichen oder geistigen Kräfte zur Erfüllung seiner Amtspflichten dauernd unfähig geworden ist.

35. Sucht der Beamte die Versetzung in den Ruhestand nicht nach, obgleich die Voraussetzungen derselben vorliegen, so ist unter Angabe der Gründe und unter Bezeichnung des zu gewährenden Pensionsbetrags die Aufforderung an ihn zu erlassen, binnen einer bestimmten Frist den Antrag auf Versetzung in den Ruhestand zu stellen. Die Aufforderung ergeht an einen Oberkriegsgerichtsrath oder Kriegsgerichtsrath durch die oberste Behörde der Militärjustizverwaltung, an ein Mitglied des Reichsmilitärgerichts durch den Präsidenten dieses Gerichts. Wird der Aufforderung innerhalb der festgesetzten Frist nicht Folge geleistet, so hat der Disziplinarhof über die Zulässigkeit der Versetzung in den Ruhestand zu entscheiden.

Schluß- und Uebergangsbestimmungen.

36. Die Gebührenordnung für die Rechtsanwälte vom 7. Juli 1879 findet auf die Berufsthätigkeit des Rechtsanwalts im Disziplinarverfahren gegen richterliche Militärjustizbeamte mit der Maßgabe entsprechende Anwendung, daß den Strafkammern die Disziplinarkammern, dem Reichsgerichte der Disziplinarhof gleichzustellen sind.

37. Dieses Gesetz tritt zugleich mit der Militärstrafgerichtsordnung in Kraft.

Mit diesem Zeitpunkte treten alle entgegenstehenden Bestimmungen, soweit sie auf die richterlichen Militärjustizbeamten Bezug haben, außer Kraft.

Hinsichtlich der beim Inkrafttreten dieses Gesetzes anhängigen Disziplinarsachen sind für das weitere Verfahren die Vorschriften dieses Gesetzes maßgebend.

38. Dieses Gesetz kommt in Bayern nach näherer Bestimmung des Bündnißvertrags vom 23. November 1870 zur Anwendung; die Errichtung eines Disziplinarhofs für die bayerischen richterlichen Militärjustizbeamten bleibt der Landesgesetzgebung vorbehalten.

Urkundlich ꝛc.

Gegeben ꝛc.

Sachregister.

Die Zahlen bezeichnen die Paragraphen.
E. vor der Zahl = Einführungsgesetz zur Militär-StGO.
G. vor der Zahl = Gesetz betr. die Dienstvergehen der richterlichen Militärjustizbeamten ꝛc.

A.

C.

D.

E.

F.

G.

H.

L.

M

N.

O.

P.

R.

S.

T.

U.

V.

Druck von A. W. Hayn's Erben in Potsdam.

Militär-Strafgesetzbuch

für das Deutsche Reich

mit

Verweisungen und Abdruck der entsprechenden Bestimmungen des Reichsstrafgesetzbuchs.

Text-Ausgabe mit Sachregister.

Berlin 1901.
J. Guttentag, Verlagsbuchhandlung,
G. m. b. H.

Inhalts-Uebersicht.

Seite

Vorbemerkung.

Im folgenden Text des Gesetzes ist bei den einzelnen §§ die Zuständigkeit der Militärgerichte I. Instanz angedeutet:

K.G. = Kriegsgericht. — St.G. = Standgericht.

In den mit „St.G. bez. K.G." bezeichneten Fällen ist die standgerichtliche Zuständigkeit stets begründet, wenn nicht die Verhängung einer Ehrenstrafe (im Feld ausgenommen die Versetzung in die zweite Klasse des Soldatenstandes) zu erwarten steht, oder der Thäter Offizierrang hat (§ 15 M.St.G.O.).

In den mit „K.G. bez. St.G." bezeichneten Fällen tritt die standgerichtliche Zuständigkeit nur ein, wenn außerdem keine höhere Strafe als Freiheitsstrafe bis zu 6 Wochen oder Geldstrafe bis zu 150 Mk. (allein oder in Verbindung miteinander) zu erwarten steht. (§ 16 M.St.G.O.)

Wo „i. F." beigefügt ist, gilt letzteres nur „im Feld und an Bord" (§§ 5, 6 Einf.G. z. M.St.G.O.).

Einführungsgesetz

zum

Militär-Strafgesetzbuch.

Wir **Wilhelm**, von Gottes Gnaden Deutscher Kaiser, König von Preußen 2c.

verordnen im Namen des Deutschen Reichs, nach erfolgter Zustimmung des Bundesrathes und des Reichstages, was folgt:

1. Das Militär-Strafgesetzbuch für das Deutsche Reich tritt im ganzen Umfange des Bundesgebietes mit dem 1. Oktober 1872 in Kraft.

2. Mit diesem Tage treten im ganzen Bundesgebiete alle Militärstrafgesetze, insoweit sie materielles Strafrecht zum Gegenstande haben, außer Kraft.

In Kraft bleiben die Vorschriften über die Bestrafung der von Landgendarmen begangenen strafbaren Handlungen, sowie die Vorschriften über die Bestrafung der Fahnenflüchtigen im Wege des Ungehorsams- (Kontumazial-) Verfahrens.

Dagegen finden die Bestimmungen des Militär-Strafgesetzbuches auch auf die Offiziere à la suite Anwendung, welche nicht zum Soldatenstande gehören, wenn und insolange sie zu vorübergehender Dienstleistung zugelassen sind, sowie in Bezug auf Handlungen gegen die militärische Unterordnung, welche sie begehen, während sie die Militäruniform tragen.

3. Eine Bestrafung in Gemäßheit des Militär-Strafgesetzbuches kann nur auf Grund eines gerichtlichen Erkenntnisses erfolgen.

In leichteren Fällen können im Disziplinarwege geahndet werden:

1) Vergehen wider die §§. 64, 89 Absatz 1, 90, 91 Absatz 1, 92, 121 Absatz 1, 137, 141 Absatz 1, 146, 151;

2) Vergehen wider §. 114, wenn die strafbare Handlung nur in dem Borgen von Geld oder in der Annahme von Geschenken ohne Vorwissen des gemeinschaftlichen Vorgesetzten besteht.

Jedoch darf im Disziplinarwege keine andere Freiheitsstrafe, als Arrest festgesetzt werden, und die Dauer desselben vier Wochen gelinden Arrestes oder Stubenarrestes, drei Wochen mittleren Arrestes oder vierzehn Tage strengen Arrestes nicht übersteigen.

Urkundlich unter Unserer Höchsteigenhändigen Unterschrift und beigedrucktem Kaiserlichen Insiegel.

Gegeben Schloß Babelsberg, den 20. Juni 1872.

(L. S.) Wilhelm.

Fürst von Bismarck.

Militär-Strafgesetzbuch.

Wir **Wilhelm**, von Gottes Gnaden Deutscher Kaiser, König von Preußen rc.

verordnen im Namen des Deutschen Reichs, nach erfolgter Zustimmung des Bundesrathes und des Reichstages, was folgt:

Einleitende Bestimmungen.

1. Eine Handlung, welche dieses Gesetz mit dem Tode, mit Zuchthaus, oder mit Gefängniß oder Festungshaft von mehr als fünf Jahren bedroht, ist ein militärisches Verbrechen.

Eine Handlung, welche dieses Gesetz mit Freiheitsstrafe (§. 16) bis zu fünf Jahren bedroht, ist ein militärisches Vergehen.

2. Diejenigen Bestimmungen, welche nach den Vorschriften des Deutschen Strafgesetzbuches in Beziehung auf Verbrechen und Vergehen allgemein gelten, finden auf militärische Verbrechen und Vergehen entsprechende Anwendung.

3. Strafbare Handlungen der Militärpersonen, welche nicht militärische Verbrechen oder Vergehen sind, werden nach den allgemeinen Strafgesetzen beurtheilt.

4. Unter Militärpersonen sind die Personen des Soldatenstandes und die Militärbeamten zu verstehen, welche zum Heer oder zur Marine gehören.

Unter Heer ist das Deutsche Heer, unter Marine die Kaiserliche Marine zu verstehen.

5. Die Klasseneintheilung der Militärpersonen ergibt das diesem Gesetze beigefügte Verzeichniß.

Die Mitglieder des Sanitätskorps und des Maschinen-Ingenieurkorps unterliegen den für andere Personen des Soldatenstandes gegebenen Vorschriften nach Maßgabe ihres Militärranges.

6. Personen des Beurlaubtenstandes unterliegen den Strafvorschriften dieses Gesetzes in der Zeit, in welcher sie sich im Dienste befinden; außerhalb dieser Zeit finden auf sie nur diejenigen Vorschriften Anwendung, welche in diesem Gesetze ausdrücklich auf Personen des Beurlaubtenstandes für anwendbar erklärt sind.

7. Strafbare Handlungen, welche von Militärpersonen im Auslande, während sie dort bei den Truppen oder sonst in dienstlicher Stellung sich befinden, begangen werden, sind ebenso zu bestrafen, als wenn diese Handlungen von ihnen im Bundesgebiete begangen wären.

8. Militärische Verbrechen und Vergehen, welche gegen Militärpersonen verbündeter Staaten in gemeinschaftlichen Dienstverhältnissen begangen werden, sind, wenn Gegenseitigkeit verbürgt ist, ebenso zu bestrafen, als wenn diese Handlungen gegen Militärpersonen des Heeres oder der Marine begangen wären.

9. Die in diesem Gesetze für strafbare Handlungen im Felde gegebenen Vorschriften (Kriegsgesetze) gelten:

1) für die Dauer des mobilen Zustandes des Heeres, der Marine oder einzelner Theile derselben;
2) für die Dauer des nach Vorschrift der Gesetze erklärten Kriegszustandes in den davon betroffenen Gebieten;
3) in Ansehung derjenigen Truppen, denen bei einem Aufruhr, einer Meuterei, oder einem kriegerischen Unternehmen der befehligende Offizier dienstlich bekannt gemacht hat, daß die Kriegsgesetze für sie in Kraft treten, für die Dauer dieser Zustände;
4) in Ansehung derjenigen Kriegsgefangenen, welchen der höchste an ihrem Aufenthaltsorte befehligende Offizier dienstlich bekannt gemacht hat, daß die Kriegsgesetze für sie in Kraft treten.

10. Den Kriegsgesetzen unterworfen sind im Falle des §. 9 Nr. 1:

1) die Personen des aktiven Dienststandes von dem Tage ihrer Mobilmachung bis zu ihrer Demobilmachung;
2) die Personen des Beurlaubtenstandes von dem Tage, zu welchem sie einberufen sind, bis zu ihrer Entlassung.

11. Im Sinne dieses Gesetzes ist als vor dem Feinde befindlich jede Truppe zu betrachten, bei welcher in Gewärtigung eines Zusammentreffens mit dem Feinde der Sicherheitsdienst gegen denselben begonnen hat.

12. Diejenigen Vorschriften dieses Gesetzes, welche die Strafe mit Rücksicht darauf bestimmen, daß eine Handlung vor versammelter Mannschaft begangen worden ist, finden Anwendung, wenn außer dem Vorgesetzten und dem einzelnen Betheiligten noch mindestens drei andere zu militärischem Dienste versammelte Personen des Soldatenstandes gegenwärtig gewesen sind.

13. Wo das Gesetz die Strafe mit Rücksicht auf den Rückfall bestimmt, tritt dieselbe ein, wenn der Thäter, nachdem er wegen eines militärischen Verbrechens oder Vergehens durch ein Deutsches Gericht verurtheilt und bestraft worden ist, dasselbe militärische Verbrechen oder Vergehen abermals begeht.

Diese Bestimmung findet Anwendung, auch wenn die frühere Strafe nur theilweise verbüßt, oder ganz oder theilweise erlassen ist. Sie bleibt jedoch ausgeschlossen, wenn seit der Verbüßung oder dem Erlasse der Strafe bis zur Begehung der neuen strafbaren Handlung fünf Jahre verflossen sind.

Dasselbe gilt bei wiederholtem Rückfalle.

Erster Theil.

Von der Bestrafung im Allgemeinen.

Erster Abschnitt.

Strafen gegen Personen des Soldatenstandes.

14. Die Todesstrafe ist durch Erschießen zu vollstrecken, wenn sie wegen eines militärischen Verbrechens,

im Felde auch dann, wenn sie wegen eines nicht militärischen Verbrechens erkannt worden ist.

15. Hat eine Person des Soldatenstandes vor oder nach ihrem Eintritte in den Dienst eine Freiheitsstrafe verwirkt, so wird diese von den Militärbehörden vollstreckt.

Ist nach den Vorschriften des Deutschen Strafgesetzbuches eine Beschäftigung des Verurtheilten zulässig oder geboten, so findet dieselbe zu militärischen Zwecken und unter militärischer Aufsicht statt. Die zu Gefängniß verurtheilten Unteroffiziere und Gemeine können auch ohne ihre Zustimmung außerhalb der Anstalt beschäftigt werden.

Ist Zuchthaus verwirkt, oder wird auf Entfernung aus dem Heer oder der Marine, oder auf Dienstentlassung erkannt, oder wird das militärische Dienstverhältniß aus einem anderen Grunde aufgelöst, so geht die Vollstreckung der Strafe auf die bürgerlichen Behörden über.

16. Freiheitsstrafe im Sinne dieses Gesetzes ist Gefängniß, Festungshaft oder Arrest.

Die Freiheitsstrafe ist eine lebenslängliche oder eine zeitige. Der Höchstbetrag der zeitigen Freiheitsstrafe ist funfzehn Jahre, ihr Mindestbetrag Ein Tag.

Wo dieses Gesetz die Freiheitsstrafe nicht ausdrücklich als eine lebenslängliche androht, ist dieselbe eine zeitige.

17. Die Freiheitsstrafe ist, wenn ihre Dauer mehr als sechs Wochen beträgt, Gefängniß oder Festungshaft, bei kürzerer Dauer Arrest.

Ist eine angedrohte Zuchthausstrafe auf eine kürzere als einjährige Dauer zu ermäßigen, so tritt an deren Stelle Gefängniß von gleicher Dauer.

18. Die Zeit einer Freiheitsstrafe von mehr als sechs Wochen wird auf die gesetzliche Dienstzeit im stehenden Heer oder in der Flotte nicht angerechnet.

19. Der Arrest zerfällt in Stubenarrest, gelinden Arrest, mittleren Arrest, strengen Arrest.

20. Der Stubenarrest findet gegen Offiziere statt der gelinde Arrest gegen Unteroffiziere und Gemeine, der mittlere Arrest gegen Unteroffiziere ohne Portepee und gegen Gemeine, der strenge Arrest nur gegen Gemeine.

21. Ist in diesem Gesetze Freiheitsstrafe angedroht, so sind darunter, je nach der Zeitdauer des Strafmaßes, Gefängniß, Festungshaft und Arrest als wahlweise angedroht zu erachten.

22. Ist in diesem Gesetze Arrest angedroht, so kann auf jede der nach dem Militärrange des Thäters statthaften Arten des Arrestes erkannt werden.

Ist in diesem Gesetze eine bestimmte Arrestart angedroht und dieselbe gegen den Thäter nach seinem Militärrange nicht statthaft, so ist auf die nächstfolgende nach seinem Range statthafte Arrestart zu erkennen.

Strenger Arrest ist, wo das Gesetz ihn nicht in einzelnen Fällen ausdrücklich androht, nur gegen denjenigen zuläſſig, welcher wegen militärischer Verbrechen oder Vergehen bereits mit einer Freiheitsstrafe bestraft worden ist.

23. Der Stubenarrest wird von dem Verurtheilten in seiner Wohnung verbüßt. Der Verurtheilte darf während der Dauer des Stubenarrestes seine Wohnung nicht verlassen, auch Besuche nicht annehmen. Gegen Hauptleute, Rittmeister und Subaltern-Offiziere kann durch Richterspruch die Strafvollstreckung in einem besonderen Offizier-Arrestzimmer angeordnet werden (geschärfter Stubenarrest).

24. Der gelinde, der mittlere und der strenge Arrest werden in Einzelhaft verbüßt. Der Höchstbetrag des strengen Arrestes ist vier Wochen.

25. Der mittlere Arrest wird in der Art vollstreckt, daß der Verurtheilte eine harte Lagerstätte und als Nahrung Wasser und Brot erhält. Diese Schärfungen kommen am vierten, achten, zwölften und demnächst an jedem dritten Tage in Fortfall.

26. Der strenge Arrest wird in einer dunkelen Arrestzelle, im Uebrigen wie der mittlere Arrest vollstreckt. Die Schärfungen kommen am vierten, achten und demnächst an jedem dritten Tage in Fortfall.

27. Läßt der körperliche Zustand des Verurtheilten die Verbüßung des strengen oder mittleren Arrestes nicht zu, so tritt eine gelindere Arrestart ein.

28. Die Abweichungen, welche bei Vollstreckung von Arreststrafen dadurch bedingt werden, daß sie während eines Krieges oder auf den in Dienst gestellten Schiffen oder anderen Fahrzeugen der Marine zu vollziehen sind, werden durch Kaiserliche Anordnung bestimmt.

29. Wo die allgemeinen Strafgesetze Geldstrafe und Freiheitsstrafe wahlweise androhen, darf, wenn durch die strafbare Handlung zugleich eine militärische Dienstpflicht verletzt worden ist, auf Geldstrafe nicht erkannt werden.

30. Die besonderen Ehrenstrafen gegen Personen des Soldatenstandes sind:

1) Entfernung aus dem Heer oder der Marine;
2) gegen Offiziere: Dienstentlassung;
3) gegen Unteroffiziere und Gemeine: Versetzung in die zweite Klasse des Soldatenstandes;
4) gegen Unteroffiziere: Degradation.

31. Auf Entfernung aus dem Heer oder der Marine muß gegen Unteroffiziere und Gemeine neben Zuchthaus stets, neben dem Verluste der bürgerlichen Ehrenrechte dann erkannt werden, wenn die Dauer dieses Verlustes drei Jahre übersteigt.

Gegen Offiziere muß auf diese Entfernung erkannt werden:

1) neben Zuchthaus oder dem Verluste der bürgerlichen Ehrenrechte ohne Rücksicht auf die Dauer derselben;
2) wo gegen Unteroffiziere oder Gemeine die Versetzung in die zweite Klasse des Soldatenstandes geboten ist.

Auf Entfernung aus dem Heer oder der Marine kann erkannt werden neben Gefängniß von längerer als fünfjähriger Dauer, außerdem gegen Offiziere, in allen Fällen, in denen gegen Unteroffiziere oder Gemeine die Versetzung in die zweite Klasse des Soldatenstandes zulässig ist.

vgl. §§ 14, 21, 32 R.Str.G.B.

32. Die Entfernung aus dem Heer oder der Marine hat

1) den Verlust der Dienststelle und der damit verbundenen Auszeichnungen, sowie aller durch den Militärdienst erworbenen Ansprüche, soweit dieselben durch Richterspruch aberkannt werden können,
2) den dauernden Verlust der Orden und Ehrenzeichen,
3) die Unfähigkeit zum Wiedereintritte in das Heer und in die Marine

von Rechtswegen zur Folge.

33. Gegen pensionirte Offiziere ist statt auf Entfernung aus dem Heer oder der Marine auf Verlust des Offiziertitels zu erkennen. Mit diesem Verluste treten zugleich die im §. 32 Nr. 2 und 3 bezeichneten Folgen, sowie die Verwirkung des Rechts, die Offizieruniform zu tragen, von Rechtswegen ein.

34. Auf Dienstentlassung muß erkannt werden:

1) neben Erkennung auf Unfähigkeit zur Bekleidung öffentlicher Aemter;
2) wo gegen Unteroffiziere Degradation geboten ist.

Auf Dienstentlassung kann erkannt werden:

1) neben Freiheitsstrafe von längerer als einjähriger Dauer;
2) wo gegen Unteroffiziere Degradation zulässig ist.

35. Die Dienstentlassung hat den Verlust der Dienststelle und aller durch den Dienst als Offizier erworbenen Ansprüche, soweit dieselben durch Richterspruch aberkannt werden können, ingleichen die Verwirkung des Rechts, die Offizieruniform zu tragen, von Rechtswegen zur

Folge. Der Verlust des Diensttitels ist mit dieser Strafe nicht verbunden.

36. Gegen pensionirte Offiziere, welche das Recht zum Tragen der Offizieruniform haben, ist statt auf Dienstentlassung auf Verlust dieses Rechts zu erkennen.

37. Auf Versetzung in die zweite Klasse des Soldatenstandes muß erkannt werden neben dem Verluste der bürgerlichen Ehrenrechte, wenn die Dauer dieses Verlustes nicht drei Jahre übersteigt.

Auf Versetzung in die zweite Klasse des Soldatenstandes kann erkannt werden:

1) in wiederholtem Rückfalle,
2) wenn die Verurtheilung wegen Diebstahls, Unterschlagung, Raubes, Erpressung, Hehlerei, Betruges oder Urkundenfälschung erfolgt, auch wenn der Verlust der bürgerlichen Ehrenrechte nicht eintritt.

38. Wer wegen militärischer Vergehen bereits zweimal gerichtlich verurtheilt und bestraft worden ist, kann, wenn er zum dritten Male wegen eines militärischen Vergehens verurtheilt wird, neben der Freiheitsstrafe in die zweite Klasse des Soldatenstandes versetzt werden.

Dasselbe kann geschehen, wenn außer einer gerichtlichen Strafe mehrmalige Disziplinarstrafen des höchsten Grades vollstreckt worden sind und zum zweiten Male wegen eines militärischen Vergehens eine Verurtheilung erfolgt.

Die Strafschärfung bleibt jedoch ausgeschlossen, wenn seit der zuletzt bestraften Handlung bis zur Begehung des Vergehens sechs Monate verflossen sind.

39. Die Versetzung in die zweite Klasse des Soldatenstandes hat den dauernden Verlust der Orden und Ehrenzeichen von Rechtswegen zur Folge, auch darf der zu dieser Strafe Verurtheilte die Militärkokarde nicht tragen und Versorgungsansprüche, soweit dieselben durch Richterspruch aberkannt werden können, nicht geltend machen.

40. Auf Degradation muß erkannt werden:

1) neben Gefängniß von längerer als einjähriger Dauer;
2) neben Versetzung in die zweite Klasse des Soldatenstandes;
3) neben Aberkennung der Fähigkeit zur Bekleidung öffentlicher Aemter.

Auf Degradation kann erkannt werden:

1) neben Gefängniß von einjähriger oder kürzerer Dauer;
2) wegen wiederholten Rückfalls;
3) wegen einer strafbaren Handlung der im §. 37 Absatz 2 Nr. 2 bezeichneten Art.

41. Die Degradation hat den Rücktritt in den Stand der Gemeinen und den Verlust der durch den Dienst als Unteroffizier erworbenen Ansprüche, soweit dieselben durch Richterspruch aberkannt werden können, von Rechtswegen zur Folge.

42. Wird gegen eine Person des Beurlaubtenstandes während der Beurlaubung auf Zuchthaus, auf Verlust der bürgerlichen Ehrenrechte oder auf Unfähigkeit zur Bekleidung öffentlicher Aemter erkannt, so treten diejenigen militärischen Ehrenstrafen, auf welche bei einer solchen Verurtheilung nach den Bestimmungen der §§. 30—40 erkannt werden muß, von Rechtswegen ein.

Erfolgt die Verurtheilung einer Person des Beurlaubtenstandes während der Beurlaubung wegen einer strafbaren Handlung der im §. 37 Absatz 2 Nr. 2 bezeichneten Art, so kann ein besonderes Verfahren des Militärgerichts zur Entscheidung darüber angeordnet werden, ob auf Dienstentlassung oder auf Degradation zu erkennen ist.

Zweiter Abschnitt.

Strafen gegen Militärbeamte.

43. Auf Amtsverlust kann gegen Militärbeamte erkannt werden:

1) neben Freiheitsstrafe von mehr als einjähriger Dauer;
2) wenn die Verurtheilung wegen einer strafbaren Handlung der in §. 37 Absatz 2 Nr. 2 bezeichneten Art erfolgt.

44. Der Arrest findet gegen obere Militärbeamte als Stubenarrest, gegen untere Militärbeamte als gelinder Arrest statt.

45. Die Vorschriften der §§. 14 und 15 finden auch auf Militärbeamte Anwendung.

Dritter Abschnitt.

Versuch.

46. Wenn neben der Strafe des vollendeten Verbrechens oder Vergehens militärische Ehrenstrafen (§. 30) zulässig oder geboten sind, so sind dieselben neben der Versuchsstrafe zulässig.

Die entsprechenden §§ des Reichsstrafgesetzbuchs lauten:

Zweiter Abschnitt. Versuch.

43. Wer den Entschluß, ein Verbrechen oder Vergehen zu verüben, durch Handlungen, welche einen Anfang der Ausführung dieses Verbrechens oder Vergehens enthalten, bethätigt hat, ist, wenn das beabsichtigte Verbrechen oder Vergehen nicht zur Vollendung gekommen ist, wegen Versuches zu bestrafen.

Der Versuch eines Vergehens wird jedoch nur in den Fällen bestraft, in welchen das Gesetz dies ausdrücklich bestimmt.

44. Das versuchte Verbrechen oder Vergehen ist milder zu bestrafen, als das vollendete.

Ist das vollendete Verbrechen mit dem Tode oder mit lebenslänglichem Zuchthaus bedroht, so tritt Zuchthausstrafe nicht unter drei Jahren ein, neben welcher auf Zulässigkeit von Polizei-Aufsicht erkannt werden kann.

Ist das vollendete Verbrechen mit lebenslänglicher Festungshaft bedroht, so tritt Festungshaft nicht unter drei Jahren ein.

In den übrigen Fällen kann die Strafe bis auf ein Viertheil des Mindestbetrages der auf das vollendete Verbrechen oder Vergehen angedrohten Freiheits- und Geldstrafe ermäßigt werden. Ist hiernach Zuchthausstrafe unter Einem Jahre verwirkt, so ist dieselbe nach Maßgabe des §. 21 in Gefängniß zu verwandeln.

46. Der Versuch als solcher bleibt straflos, wenn der Thäter

1) die Ausführung der beabsichtigten Handlung aufgegeben hat, ohne daß er an dieser Ausführung durch

Umstände gehindert worden ist, welche von seinem Willen unabhängig waren, oder

2) zu einer Zeit, zu welcher die Handlung noch nicht entdeckt war, den Eintritt des zur Vollendung des Verbrechens oder Vergehens gehörigen Erfolges durch eigene Thätigkeit abgewendet hat.

Vierter Abschnitt.

Theilnahme.

47. Wird durch die Ausführung eines Befehls in Dienstsachen ein Strafgesetz verletzt, so ist dafür der befehlende Vorgesetzte allein verantwortlich. Es trifft jedoch den gehorchenden Untergebenen die Strafe des Theilnehmers:

1) wenn er den ihm ertheilten Befehl überschritten hat, oder

2) wenn ihm bekannt gewesen, daß der Befehl des Vorgesetzten eine Handlung betraf, welche ein bürgerliches oder militärisches Verbrechen oder Vergehen bezweckte.

Die entsprechenden §§ des Reichsstrafgesetzbuchs lauten:

Dritter Abschnitt. Theilnahme.

47. Wenn Mehrere eine strafbare Handlung gemeinschaftlich ausführen, so wird Jeder als Thäter bestraft.

49. Als Gehülfe wird bestraft, wer dem Thäter zur Begehung des Verbrechens oder Vergehens durch Rath oder That wissentlich Hülfe geleistet hat.

Die Strafe des Gehülfen ist nach demjenigen Gesetze festzusetzen, welches auf die Handlung Anwendung findet, zu welcher er wissentlich Hülfe geleistet hat, jedoch nach den über die Bestrafung des Versuches aufgestellten Grundsätzen zu ermäßigen.

49 a. Wer einen Anderen zur Begehung eines Verbrechens oder zur Theilnahme an einem Verbrechen auffordert, oder wer eine solche Aufforderung annimmt, wird, soweit nicht das Gesetz eine andere Strafe androht, wenn das Verbrechen mit dem Tode oder mit lebenslänglicher Zuchthausstrafe bedroht ist, mit Gefängniß nicht unter drei Monaten, wenn das Verbrechen mit einer geringeren Strafe bedroht ist, mit Gefängniß bis zu zwei Jahren oder mit Festungshaft von gleicher Dauer bestraft.

Die gleiche Strafe trifft denjenigen, welcher sich zur Begehung eines Verbrechens oder zur Theilnahme an einem Verbrechen erbietet, sowie denjenigen, welcher ein solches Erbieten annimmt.

Es wird jedoch das lediglich mündlich ausgedrückte Auffordern oder Erbieten, sowie die Annahme eines solchen nur dann bestraft, wenn die Aufforderung oder das Erbieten an die Gewährung von Vortheilen irgend welcher Art geknüpft worden ist.

Neben der Gefängnißstrafe kann auf Verlust der bürgerlichen Ehrenrechte und auf Zulässigkeit von Polizei-Aufsicht erkannt werden.

50. Wenn das Gesetz die Strafbarkeit einer Handlung nach den persönlichen Eigenschaften oder Verhältnissen desjenigen, welcher dieselbe begangen hat, erhöht oder vermindert, so sind diese besonderen Thatumstände dem Thäter oder demjenigen Theilnehmer (Mitthäter, Anstifter, Gehülfe) zuzurechnen, bei welchem sie vorliegen.

Fünfter Abschnitt.

Gründe, welche die Strafe ausschließen, mildern oder erhöhen.

48. Die Strafbarkeit einer Handlung oder Unterlassung ist dadurch nicht ausgeschlossen, daß der Thäter

nach seinem Gewissen oder den Vorschriften seiner Religion sein Verhalten für geboten erachtet hat.

49. Die Verletzung einer Dienstpflicht aus Furcht vor persönlicher Gefahr ist ebenso zu bestrafen, wie die Verletzung der Dienstpflicht aus Vorsatz.

Bei strafbaren Handlungen gegen die Pflichten der militärischen Unterordnung, sowie bei allen in Ausübung des Dienstes begangenen strafbaren Handlungen bildet die selbstverschuldete Trunkenheit des Thäters keinen Strafmilderungsgrund.

50. Bei Bestrafung militärischer Verbrechen oder Vergehen ist die Erkennung der angedrohten Strafe unabhängig von dem Alter des Thäters.

51. Die Verfolgung eines militärischen Verbrechens oder Vergehens ist unabhängig von dem Antrage des Verletzten oder einer anderen zum Antrage berechtigten Person.

52. Bei Berechnung der Verjährungsfrist einer Strafverfolgung oder Strafvollstreckung ist der Arrest der Haft gleich zu achten.

Die entsprechenden §§ des Reichsstrafgesetzbuchs lauten:

66. Durch Verjährung wird die Strafverfolgung und die Strafvollstreckung ausgeschlossen.

67. Die Strafverfolgung von Verbrechen verjährt,
wenn sie mit dem Tode oder mit lebenslänglichem Zuchthaus bedroht sind, in zwanzig Jahren;
wenn sie im Höchstbetrage mit einer Freiheitsstrafe von einer längeren als zehnjährigen Dauer bedroht sind, in funfzehn Jahren;

wenn sie mit einer geringeren Freiheitsstrafe bedroht sind, in zehn Jahren.

Die Strafverfolgung von Vergehen, die im Höchstbetrage mit einer längeren als dreimonatlichen Gefängnißstrafe bedroht sind, verjährt in fünf Jahren, von anderen Vergehen in drei Jahren.

Die Strafverfolgung von Uebertretungen verjährt in drei Monaten.

Die Verjährung beginnt mit dem Tage, an welchem die Handlung begangen ist, ohne Rücksicht auf den Zeitpunkt des eingetretenen Erfolges.

68. Jede Handlung des Richters, welche wegen der begangenen That gegen den Thäter gerichtet ist, unterbricht die Verjährung.

Die Unterbrechung findet nur rücksichtlich desjenigen statt, auf welchen die Handlung sich bezieht.

Nach der Unterbrechung beginnt eine neue Verjährung.

69. Die Verjährung ruht während der Zeit, in welcher auf Grund gesetzlicher Vorschrift die Strafverfolgung nicht begonnen oder nicht fortgesetzt werden kann. Ist der Beginn oder die Fortsetzung eines Strafverfahrens von einer Vorfrage abhängig, deren Entscheidung in einem anderen Verfahren erfolgen muß, so ruht die Verjährung bis zu dessen Beendigung.

Ist zur Strafverfolgung ein Antrag oder eine Ermächtigung nach dem Strafgesetz erforderlich, so wird der Lauf der Verjährung durch den Mangel des Antrages oder der Ermächtigung nicht gehindert.

70. Die Vollstreckung rechtskräftig erkannter Strafen verjährt, wenn

1) auf Tod oder auf lebenslängliches Zuchthaus oder auf lebenslängliche Festungshaft erkannt ist, in dreißig Jahren;
2) auf Zuchthaus oder Festungshaft von mehr als zehn Jahren erkannt ist, in zwanzig Jahren;

3) auf Zuchthaus bis zu zehn Jahren oder auf Festungshaft von fünf bis zu zehn Jahren oder Gefängniß von mehr als fünf Jahren erkannt ist, in funfzehn Jahren;
4) auf Festungshaft oder Gefängniß von zwei bis zu fünf Jahren oder auf Geldstrafe von mehr als sechstausend Mark erkannt ist, in zehn Jahren;
5) auf Festungshaft oder Gefängniß bis zu zwei Jahren oder auf Geldstrafe von mehr als einhundertfunfzig bis zu sechstausend Mark erkannt ist, in fünf Jahren;
6) auf Haft oder auf Geldstrafe bis zu einhundertfunfzig Mark erkannt ist, in zwei Jahren.

Die Verjährung beginnt mit dem Tage, an welchem das Urtheil rechtskräftig geworden ist.

71. Die Vollstreckung einer wegen derselben Handlung neben einer Freiheitsstrafe erkannten Geldstrafe verjährt nicht früher, als die Vollstreckung der Freiheitsstrafe.

72. Jede auf Vollstreckung der Strafe gerichtete Handlung derjenigen Behörde, welcher die Vollstreckung obliegt, sowie die zum Zwecke der Vollstreckung erfolgende Festnahme des Verurtheilten unterbricht die Verjährung.

Nach der Unterbrechung der Vollstreckung der Strafe beginnt eine neue Verjährung.

53. Wo dieses Gesetz eine erhöhte Freiheitsstrafe androht, kann dieselbe das Doppelte der für das betreffende Verbrechen oder Vergehen angedrohten Freiheitsstrafe erreichen; sie darf jedoch den gesetzlich zulässigen Höchstbetrag der zu verhängenden Strafart nicht übersteigen (§§. 16, 17, 24).

54. Wenn mehrere zeitige Freiheitsstrafen zusammentreffen, so ist auf eine Gesammtstrafe nach den Vorschriften des Deutschen Strafgesetzbuches zu erkennen. Dieselbe darf in keinem Falle den gesetzlich zulässigen Höchstbetrag der zu verhängenden Strafart übersteigen.

Ist die Gesammtstrafe wegen Zusammentreffens militärischer Verbrechen und Vergehen mit bürgerlichen Verbrechen und Vergehen zu erkennen, so ist der Höchstbetrag der Strafe wegen letzterer durch die Vorschriften des Deutschen Strafgesetzbuches bestimmt.

Bestehen die zusammentreffenden Freiheitsstrafen nur in Arreststrafen, so darf auch die Gesammtstrafe nur in Arrest bestehen. Sind die Arreststrafen ungleichartige, so gilt Ein Tag strengen Arrestes gleich zwei Tagen mittleren Arrestes, Ein Tag mittleren Arrestes gleich zwei Tagen gelinden Arrestes.

Die Verurtheilung zu einer Gesammtstrafe schließt die Verurtheilung zu einer Ehrenstrafe nicht aus, wenn diese auch nur neben einer der verwirkten Einzelstrafen zulässig oder geboten ist.

Die entsprechenden §§ des Reichsstrafgesetzbuchs lauten:

Fünfter Abschnitt. Zusammentreffen mehrerer strafbarer Handlungen.

73. Wenn eine und dieselbe Handlung mehrere Strafgesetze verletzt, so kommt nur dasjenige Gesetz, welches die schwerste Strafe, und bei ungleichen Strafarten dasjenige Gesetz, welches die schwerste Strafart androht, zur Anwendung.

74. Gegen denjenigen, welcher durch mehrere selbständige Handlungen mehrere Verbrechen oder Vergehen, oder dasselbe Verbrechen oder Vergehen mehrmals begangen und dadurch mehrere zeitige Freiheitsstrafen verwirkt hat, ist auf eine Gesammtstrafe zu erkennen, welche in einer Erhöhung der verwirkten schwersten Strafe besteht.

Bei dem Zusammentreffen ungleichartiger Freiheitsstrafen tritt diese Erhöhung bei der ihrer Art nach schwersten Strafe ein.

Das Maß der Gesammtstrafe darf den Betrag der verwirkten Einzelstrafen nicht erreichen und funfzehnjähriges Zuchthaus, zehnjähriges Gefängniß oder funfzehnjährige Festungshaft nicht übersteigen.

75. Trifft Festungshaft nur mit Gefängniß zusammen, so ist auf jede dieser Strafarten gesondert zu erkennen.

Ist Festungshaft oder Gefängniß mehrfach verwirkt, so ist hinsichtlich der mehreren Strafen gleicher Art so zu verfahren, als wenn dieselben allein verwirkt wären.

Die Gesammtdauer der Strafen darf in diesen Fällen funfzehn Jahre nicht übersteigen.

76. Die Verurtheilung zu einer Gesammtstrafe schließt die Aberkennung der bürgerlichen Ehrenrechte nicht aus, wenn diese auch nur neben einer der verwirkten Einzelstrafen zulässig oder geboten ist.

Ingleichen kann neben der Gesammtstrafe auf Zulässigkeit von Polizei-Aufsicht erkannt werden, wenn dieses auch nur wegen einer der mehreren strafbaren Handlungen statthaft ist.

77. Trifft Haft mit einer anderen Freiheitsstrafe zusammen, so ist auf die erstere gesondert zu erkennen.

Auf eine mehrfach verwirkte Haft ist ihrem Gesammtbetrage nach, jedoch nicht über die Dauer von drei Monaten zu erkennen.

78. Auf Geldstrafen, welche wegen mehrerer strafbarer Handlungen allein oder neben einer Freiheitsstrafe verwirkt sind, ist ihrem vollen Betrage nach zu erkennen.

Bei Umwandlung mehrerer Geldstrafen ist der Höchstbetrag der an die Stelle derselben tretenden Freiheitsstrafe zwei Jahre Gefängniß und, wenn die mehreren Geldstrafen nur wegen Uebertretungen erkannt worden sind, drei Monate Haft.

79. Die Vorschriften der §§. 74 bis 78 finden auch Anwendung, wenn, bevor eine erkannte Strafe verbüßt, verjährt oder erlassen ist, die Verurtheilung wegen einer

strafbaren Handlung erfolgt, welche vor der früheren Verurtheilung begangen war.

55. Auf erhöhte Strafe (§. 53) ist, sofern in diesem Gesetze nicht besondere Bestimmungen getroffen sind, zu erkennen:

1) gegen Vorgesetzte, welche gemeinschaftlich mit Untergebenen eine strafbare Handlung ausführen oder sich sonst an einer strafbaren Handlung Untergebener betheiligen;
2) wenn strafbare Handlungen unter Mißbrauch der Waffen oder der dienstlichen Befugnisse oder während der Ausübung des Dienstes ausgeführt werden;
3) wenn Mehrere unter Zusammenrottung oder vor einer Menschenmenge strafbare Handlungen gemeinschaftlich ausführen.

Zweiter Theil.

Von den einzelnen Verbrechen und Vergehen und deren Bestrafung.

Erster Titel.

Militärische Verbrechen und Vergehen der Personen des Soldatenstandes.

Erster Abschnitt.

Hochverrath, Landesverrath, Kriegsverrath.

56. Auf eine Person des Soldatenstandes, welche sich eines Hochverraths oder eines Landesverraths schuldig macht, finden die Vorschriften des Deutschen Strafgesetzbuches (§§. 80—93) Anwendung.

Dieselben lauten:

80. (K.G.) Der Mord und der Versuch des Mordes, welche an dem Kaiser, an dem eigenen Landesherrn, oder während des Aufenthalts in einem Bundesstaate an dem Landesherrn dieses Staats verübt worden sind, werden als Hochverrath mit dem Tode bestraft.

81. (K.G.) Wer außer den Fällen des §. 80 es unternimmt,

1) einen Bundesfürsten zu tödten, gefangen zu nehmen, in Feindes Gewalt zu liefern oder zur Regierung unfähig zu machen,
2) die Verfassung des Deutschen Reichs oder eines Bundesstaats oder die in demselben bestehende Thronfolge gewaltsam zu ändern,
3) das Bundesgebiet ganz oder theilweise einem fremden Staate gewaltsam einzuverleiben oder einen Theil desselben vom Ganzen loszureißen, oder
4) das Gebiet eines Bundesstaats ganz oder theilweise einem anderen Bundesstaate gewaltsam einzuverleiben oder einen Theil desselben vom Ganzen loszureißen,

wird wegen Hochverraths mit lebenslänglichem Zuchthaus oder lebenslänglicher Festungshaft bestraft.

Sind mildernde Umstände vorhanden, so tritt Festungshaft nicht unter fünf Jahren ein.

Neben der Festungshaft kann auf Verlust der bekleideten öffentlichen Aemter, sowie der aus öffentlichen Wahlen hervorgegangenen Rechte erkannt werden.

82. Als ein Unternehmen, durch welches das Verbrechen des Hochverraths vollendet wird, ist jede Handlung anzusehen, durch welche das Vorhaben unmittelbar zur Ausführung gebracht werden soll.

83. (K.G.) Haben Mehrere die Ausführung eines hochverrätherischen Unternehmens verabredet, ohne daß es zum Beginn einer nach §. 82 strafbaren Handlung gekommen ist, so werden dieselben mit Zuchthaus nicht unter fünf Jahren oder mit Festungshaft von gleicher Dauer bestraft.

Sind mildernde Umstände vorhanden, so tritt Festungshaft nicht unter zwei Jahren ein.

Neben der Festungshaft kann auf Verlust der bekleideten öffentlichen Aemter, sowie der aus öffentlichen Wahlen hervorgegangenen Rechte erkannt werden.

84. (K.G.) Die Strafvorschriften des §. 83 finden auch gegen denjenigen Anwendung, welcher zur Vorbereitung eines Hochverraths entweder sich mit einer auswärtigen Regierung einläßt oder die ihm von dem Reich oder einem Bundesstaate anvertraute Macht mißbraucht oder Mannschaften anwirbt oder in den Waffen einübt.

85. (K.G.) Wer öffentlich vor einer Menschenmenge, oder wer durch Verbreitung oder öffentlichen Anschlag oder öffentliche Ausstellung von Schriften oder anderen Darstellungen zur Ausführung einer nach §. 82 strafbaren Handlung auffordert, wird mit Zuchthaus bis zu zehn Jahren oder Festungshaft von gleicher Dauer bestraft.

Sind mildernde Umstände vorhanden, so tritt Festungshaft von Einem bis zu fünf Jahren ein.

86. (K.G.) Jede andere, ein hochverrätherisches Unternehmen vorbereitende Handlung wird mit Zuchthaus bis zu drei Jahren oder Festungshaft von gleicher Dauer bestraft.

Sind mildernde Umstände vorhanden, so tritt Festungshaft von sechs Monaten bis zu drei Jahren ein.

87. (K.G.) Ein Deutscher, welcher sich mit einer ausländischen Regierung einläßt, um dieselbe zu einem Kriege gegen das Deutsche Reich zu veranlassen, wird wegen Landesverraths mit Zuchthaus nicht unter fünf Jahren und, wenn der Krieg ausgebrochen ist, mit lebenslänglichem Zuchthaus bestraft.

Sind mildernde Umstände vorhanden, so tritt Festungshaft von sechs Monaten bis zu fünf Jahren und, wenn der Krieg ausgebrochen ist, Festungshaft nicht unter fünf Jahren ein.

Neben der Festungshaft kann auf Verlust der bekleideten öffentlichen Aemter, sowie der aus öffentlichen Wahlen hervorgegangenen Rechte erkannt werden.

88. (K.G.) Ein Deutscher, welcher während eines gegen das Deutsche Reich ausgebrochenen Krieges in der feindlichen Kriegsmacht Dienste nimmt oder die Waffen gegen das Deutsche Reich oder dessen Bundesgenossen trägt, wird wegen Landesverraths mit lebenslänglichem Zuchthaus oder lebenslänglicher Festungshaft bestraft.

Sind mildernde Umstände vorhanden, so tritt Festungshaft nicht unter fünf Jahren ein.

Ein Deutscher, welcher schon früher in fremden Kriegsdiensten stand, wird, wenn er nach Ausbruch des Krieges in der feindlichen Kriegsmacht verbleibt oder die Waffen gegen das Deutsche Reich oder dessen Bundesgenossen trägt, wegen Landesverraths mit Zuchthaus von zwei bis zu zehn Jahren oder mit Festungshaft von gleicher Dauer bestraft. Sind mildernde Umstände vorhanden, so tritt Festungshaft bis zu zehn Jahren ein.

Neben der Festungshaft kann auf Verlust der bekleideten öffentlichen Aemter, sowie der aus öffentlichen Wahlen hervorgegangenen Rechte erkannt werden.

89. (K.G.) Ein Deutscher, welcher vorsätzlich während eines gegen das Deutsche Reich ausgebrochenen Krieges einer feindlichen Macht Vorschub leistet oder der Kriegsmacht des Deutschen Reichs oder der Bundesgenossen desselben Nachtheil zufügt, wird wegen Landesverraths mit Zuchthaus bis zu zehn Jahren oder mit Festungshaft von gleicher Dauer bestraft. Sind mildernde Umstände vorhanden, so tritt Festungshaft bis zu zehn Jahren ein.

Neben der Festungshaft kann auf Verlust der bekleideten öffentlichen Aemter, sowie der aus öffentlichen Wahlen hervorgegangenen Rechte erkannt werden.

90. (K.G.) Lebenslängliche Zuchthausstrafe tritt im Falle des §. 89 ein, wenn der Thäter

1) Festungen, Pässe, besetzte Plätze oder andere Vertheidigungsposten, imgleichen Theile oder Angehörige der deutschen oder einer verbündeten Kriegsmacht in feindliche Gewalt bringt;
2) Festungswerke, Schiffe oder Fahrzeuge der Kriegsmarine, öffentliche Gelder, Vorräthe von Waffen, Schießbedarf oder anderen Kriegsbedürfnissen, sowie Brücken, Eisenbahnen, Telegraphen und Transportmittel in feindliche Gewalt bringt oder zum Vortheile des Feindes zerstört oder unbrauchbar macht;
3) dem Feinde Mannschaften zuführt oder Angehörige der deutschen oder einer verbündeten Kriegsmacht verleitet, zum Feinde überzugehen;
4) Operationspläne oder Pläne von Festungen oder festen Stellungen dem Feinde mittheilt;
5) dem Feinde als Spion dient oder feindliche Spione aufnimmt, verbirgt oder ihnen Beistand leistet, oder
6) einen Aufstand unter Angehörigen der deutschen oder einer verbündeten Kriegsmacht erregt.

In minder schweren Fällen kann auf Zuchthaus nicht unter zehn Jahren erkannt werden.

Sind mildernde Umstände vorhanden, so tritt Festungshaft nicht unter fünf Jahren ein.

Neben der Festungshaft kann auf Verlust der bekleideten öffentlichen Aemter, sowie der aus öffentlichen Wahlen hervorgegangenen Rechte erkannt werden.

91. Gegen Ausländer ist wegen der in den §§. 87, 89, 90 bezeichneten Handlungen nach dem Kriegsgebrauche zu verfahren.

(K.G.) Begehen sie aber solche Handlungen, während sie unter dem Schutze des Deutschen Reichs oder eines Bundesstaats sich innerhalb des Bundesgebietes aufhalten, so kommen die in den §§. 87, 89 und 90 bestimmten Strafen zur Anwendung.

92. (K.G.) Wer vorsätzlich

1) Staatsgeheimnisse oder Festungspläne, oder solche Urkunden, Aktenstücke oder Nachrichten, von denen er weiß, daß ihre Geheimhaltung einer anderen Regierung gegenüber für das Wohl des Deutschen Reichs oder eines Bundesstaats erforderlich ist, dieser Regierung mittheilt oder öffentlich bekannt macht;

2) zur Gefährdung der Rechte des Deutschen Reichs oder eines Bundesstaats im Verhältniß zu einer anderen Regierung die über solche Rechte sprechenden Urkunden oder Beweismittel vernichtet, verfälscht oder unterdrückt, oder

3) ein ihm von Seiten des Deutschen Reichs oder von einem Bundesstaate aufgetragenes Staatsgeschäft mit einer andern Regierung zum Nachtheil dessen führt, der ihm den Auftrag ertheilt hat,

wird mit Zuchthaus nicht unter zwei Jahren bestraft.

Sind mildernde Umstände vorhanden, so tritt Festungshaft nicht unter sechs Monaten ein.

93. Wenn in den Fällen der §§. 80, 81, 83, 84, 87 bis 92 die Untersuchung eröffnet wird, so kann bis zu deren rechtskräftigen Beendigung das Vermögen, welches der Angeschuldigte besitzt, oder welches ihm später anfällt, mit Beschlag belegt werden.

57. (K.G.) Wer im Felde einen Landesverrath begeht, wird wegen Kriegsverraths mit Zuchthaus nicht unter zehn Jahren oder mit lebenslänglichem Zuchthaus bestraft.

58. (K.G.) Wegen Kriegsverraths (§. 57) wird mit dem Tode bestraft, wer mit dem Vorsatze, einer feindlichen Macht Vorschub zu leisten oder den deutschen oder verbündeten Truppen Nachtheil zuzufügen,

1) eine der im §. 90 des Deutschen Strafgesetzbuches bezeichneten strafbaren Handlungen begeht,
§. 90 R.Strf.G.B. s. S. 34.

2) Wege oder Telegraphenanstalten zerstört oder unbrauchbar macht,

3) das Geheimniß des Postens, das Feldgeschrei oder die Losung verräth,

4) vor dem Feinde Meldungen oder dienstliche Mittheilungen falsch macht, oder richtige zu machen unterläßt,

5) dem Feinde als Wegweiser zu einer militärischen Unternehmung gegen deutsche oder verbündete Truppen dient, oder als Wegweiser kriegführende deutsche oder verbündete Truppen irre leitet,

6) vor dem Feinde, in einer Weise, welche geeignet ist, die Truppen zu beunruhigen oder irre zu leiten, militärische Signale oder andere Zeichen gibt, zur Flucht auffordert oder das Sammeln zerstreuter Mannschaften verhindert,

7) einen Dienstbefehl ganz oder theilweise unausgeführt läßt oder eigenmächtig abändert,

8) es unternimmt, mit Personen im feindlichen Heer, in der feindlichen Marine oder im feindlichen Lande über Dinge, welche die Kriegführung betreffen, mündlich oder schriftlich Verkehr zu pflegen oder einen solchen Verkehr zu vermitteln,

9) feindliche Aufrufe oder Bekanntmachungen im Heer verbreitet,

10) die pflichtmäßige Fürsorge für die Verpflegung der Truppen unterläßt,

11) feindliche Kriegsgefangene freiläßt, oder

12) dem Feinde ein Signalbuch oder einen Auszug aus einem solchen mittheilt.

In minder schweren Fällen tritt Zuchthaus nicht unter zehn Jahren oder lebenslängliches Zuchthaus ein.

59. (K.G.) Haben Mehrere einen Kriegsverrath verabredet, ohne daß es zur Ausführung oder zu einem strafbaren Versuche desselben gekommen ist, so tritt Zuchthaus nicht unter fünf Jahren ein.

60. (K.G.) Wer von dem Vorhaben eines Kriegsverraths (§§. 57 bis 59) zu einer Zeit, in welcher die Verhütung des Verbrechens möglich ist, glaubhafte Kenntniß erhält und es unterläßt, hiervon rechtzeitig Anzeige zu machen, ist, wenn das Verbrechen oder ein strafbarer Versuch desselben begangen worden, mit der Strafe des Mitthäters zu belegen.

Vergl. § 47 R.Str.G.B.

61. Straflosigkeit tritt für den an dem Vorhaben eines Kriegsverraths Betheiligten ein, wenn er von demselben zu einer Zeit, wo die Dienstbehörde nicht schon anderweit davon unterrichtet ist, in einer Weise Anzeige macht, daß die Verhütung des Verbrechens möglich ist.

Zweiter Abschnitt.

Gefährdung der Kriegsmacht im Felde.

62. (K.G. Wer im Felde eine Dienstpflicht vorsätzlich verletzt und dadurch bewirkt, daß die Unternehmungen des

Feindes befördert werden oder den kriegführenden deutschen oder verbündeten Truppen Gefahr oder Nachtheil bereitet wird, ist mit Zuchthaus bis zu zehn Jahren oder mit Gefängniß oder Festungshaft bis zu zehn Jahren zu bestrafen. In minder schweren Fällen, ingleichen wenn die Verletzung der Dienstpflicht nicht vorsätzlich geschehen ist, tritt Freiheitsstrafe bis zu drei Jahren ein.

Auch kann neben Gefängniß auf Versetzung in die zweite Klasse des Soldatenstandes erkannt werden.

63. (K.G.) Mit dem Tode wird bestraft

1) der Kommandant eines festen Platzes, welcher denselben dem Feinde übergibt, ohne zuvor alle Mittel zur Vertheidigung des Platzes erschöpft zu haben;

2) der Befehlshaber, welcher im Felde mit Vernachlässigung der ihm zu Gebote stehenden Vertheidigungsmittel den ihm anvertrauten Posten verläßt oder dem Feinde übergibt;

3) der Befehlshaber, welcher auf freiem Felde kapitulirt, wenn dies das Strecken der Waffen für die ihm untergebenen Truppen zur Folge gehabt und er nicht zuvor Alles gethan hat, was die Pflicht von ihm erfordert;

4) der Befehlshaber eines Schiffes der Marine, welcher dasselbe oder dessen Bemannung dem Feinde übergibt, ohne zuvor zur Vermeidung dieser Uebergabe Alles gethan zu haben, was die Pflicht von ihm erfordert.

In minder schweren Fällen der Nummern 2 und 3 tritt Festungshaft nicht unter fünf Jahren oder lebenslängliche Festungshaft ein.

Dritter Abschnitt.

Unerlaubte Entfernung und Fahnenflucht.

64. (K.G. bez. St.G.) Wer von seiner Truppe oder von seiner Dienststellung sich eigenmächtig entfernt oder vorsätzlich fern bleibt, oder wer den ihm ertheilten Urlaub eigenmächtig überschreitet, wird wegen unerlaubter Entfernung mit Freiheitsstrafe bis zu sechs Monaten bestraft.

65. (K.G. bez. St.G.) Der unerlaubten Entfernung wird es gleich geachtet, wenn eine Person des Soldatenstandes im Felde es unterläßt,

1) der Truppe, von welcher sie abgekommen ist, oder der nächsten Truppe sich wieder anzuschließen, oder
2) nach beendigter Kriegsgefangenschaft sich unverzüglich bei einem Truppentheile zu melden.

Dasselbe gilt, wenn eine Person der Marine, welche außerhalb der heimischen Gewässer von einem Schiffe abgekommen ist, es unterläßt, sich bei demselben oder einem anderen Deutschen Kriegsschiffe oder dem nächsten Deutschen Konsulate unverzüglich zu melden.

66. (K.G.) Dauert durch Verschulden des Abwesenden die Abwesenheit länger als sieben Tage, im Felde länger als drei Tage, so tritt Gefängniß oder Festungshaft bis zu zwei Jahren ein.

67. (K.G.) Freiheitsstrafe von sechs Monaten bis

zu fünf Jahren tritt ein, wenn die Abwesenheit im Felde länger als sieben Tage dauert.

68. (K.G.) Gleiche Strafe (§. 67) trifft eine Person des Beurlaubtenstandes, welche nach bekannt gemachter Kriegsbereitschaft oder nach angeordneter Mobilmachung ihrer Einberufung zum Dienste oder einer öffentlichen Aufforderung zur Stellung nicht binnen drei Tagen nach Ablauf der bestimmten Frist Folge leistet.

69. (K.G.) Wer sich einer unerlaubten Entfernung (§§. 64, 65, 68) in der Absicht, sich seiner gesetzlichen oder von ihm übernommenen Verpflichtung zum Dienste dauernd zu entziehen, schuldig macht, ist wegen Fahnenflucht (Desertion) zu bestrafen.

70. (K.G.) Die Fahnenflucht wird mit Gefängniß von sechs Monaten bis zu zwei Jahren, im ersten Rückfalle mit Gefängniß von Einem Jahre bis zu fünf Jahren, im wiederholten Rückfalle mit Zuchthaus von fünf bis zu zehn Jahren bestraft.

Der Versuch ist strafbar.

71. (K.G.) Die Fahnenflucht im Felde wird mit Gefängniß von fünf bis zu zehn Jahren bestraft; im Rückfalle tritt, wenn die frühere Fahnenflucht nicht im Felde begangen ist, Zuchthaus nicht unter fünf Jahren und, wenn die frühere Fahnenflucht im Felde begangen ist, Todesstrafe ein.

72. (K.G.) Haben Mehrere eine Fahnenflucht verabredet und gemeinschaftlich ausgeführt, so wird die an sich verwirkte Zuchthausstrafe oder Gefängnißstrafe um die Dauer von Einem Jahre bis zu fünf Jahren erhöht.

Ist die Handlung im Felde begangen, so tritt statt des Gefängnisses Zuchthaus von gleicher Dauer, gegen den Rädelsführer und gegen den Anstifter Todesstrafe ein.

73. (K.G.) Die Fahnenflucht vom Posten vor dem Feinde oder aus einer belagerten Festung wird mit dem Tode bestraft.

Dieselbe Strafe trifft den Fahnenflüchtigen, welcher zum Feinde übergeht.

74. Neben dem wegen Fahnenflucht verwirkten Gefängniß ist auf Versetzung in die zweite Klasse des Soldatenstandes zu erkennen.

75. (K.G.) Stellt sich ein Fahnenflüchtiger innerhalb sechs Wochen nach erfolgter Fahnenflucht, so kann, wenn dieselbe nicht im Felde begangen ist, die an sich verwirkte Zuchthausstrafe oder Gefängnißstrafe bis auf die Hälfte ermäßigt, auch kann, wenn kein Rückfall vorliegt, von der Versetzung in die zweite Klasse des Soldatenstandes abgesehen werden. Gegen Unteroffiziere muß jedoch auf Degradation erkannt werden.

76. Die Verjährung der Strafverfolgung wegen Fahnenflucht beginnt mit dem Tage, an welchem der Fahnenflüchtige, wenn er die Handlung nicht begangen hätte, seine gesetzliche oder von ihm übernommene Verpflichtung zum Dienste erfüllt haben würde.

77. (K.G. bez. i. F. St.G.) Wer von dem Vorhaben einer Fahnenflucht zu einer Zeit, in welcher deren Verhütung möglich ist, glaubhafte Kenntniß erhält und es unterläßt, hiervon seinem Vorgesetzten rechtzeitig Anzeige zu machen, ist, wenn die Fahnenflucht begangen worden, mit Freiheitsstrafe bis zu sechs Monaten und, (K.G.) wenn die Fahnenflucht im Felde begangen worden, mit Freiheitsstrafe von Einem Jahre bis zu drei Jahren zu bestrafen.

78. (K.G.) Wer einen Anderen zur Fahnenflucht vorsätzlich verleitet oder die Fahnenflucht desselben vorsätzlich befördert, wird, wenn die Fahnenflucht erfolgt ist, mit Gefängniß von sechs Monaten bis zu zwei Jahren, im Felde mit Gefängniß von fünf bis zu zehn Jahren bestraft; zugleich kann auf Versetzung in die zweite Klasse des Soldatenstandes erkannt werden.

Der Versuch ist strafbar.

79. (K.G. bez. i. F. St.G.) Ein Gefangener, welcher sich selbst befreit, wird, wenn nicht die härtere Strafe der Fahnenflucht verwirkt ist, mit Freiheitsstrafe bis zu sechs Monaten bestraft.

80. (K.G.) Ein Offizier, welcher während der Verbüßung des Stubenarrestes eigenmächtig seine Wohnung verläßt, wird mit Freiheitsstrafe bis zu sechs Monaten bestraft; zugleich ist auf Dienstentlassung zu erkennen.

Ein Offizier, welcher während der Verbüßung des Stubenarrestes dem Verbot des §. 23 zuwider Besuche annimmt, wird mit Freiheitsstrafe bis zu sechs Monaten bestraft; in schweren Fällen ist zugleich auf Dienstentlassung zu erkennen.

Vierter Abschnitt.

Selbstbeschädigung und Vorschützung von Gebrechen.

81. (K.G.) Wer sich vorsätzlich durch Selbstverstümmelung oder auf andere Weise zur Erfüllung seiner gesetzlichen oder von ihm übernommenen Verpflichtung zum Dienste untauglich macht oder durch einen Anderen untauglich machen läßt, wird mit Gefängniß von Einem Jahre bis zu fünf Jahren bestraft; zugleich ist auf Versetzung in die zweite Klasse des Soldatenstandes zu erkennen.

Wird durch die Handlung die Unfähigkeit zu Arbeiten für militärische Zwecke verursacht, so ist die an sich verwirkte Gefängnißstrafe um die Dauer von drei Monaten bis zu Einem Jahre zu erhöhen; zugleich ist auf eine Entfernung aus dem Heer oder der Marine zu erkennen.

Der Versuch ist strafbar.

82. (K.G.) Dieselben Freiheitsstrafen (§. 81) treffen denjenigen, welcher einen Anderen auf dessen Verlangen zur Erfüllung seiner gesetzlichen oder von ihm übernommenen Verpflichtung zum Dienste untauglich macht; zugleich kann auf Versetzung in die zweite Klasse des Soldatenstandes erkannt werden.

83. (K.G. bez. i. F. St.G.) Wer in der Absicht, sich der Erfüllung seiner gesetzlichen oder von ihm übernommenen Verpflichtung zum Dienste ganz oder theilweise zu entziehen, ein auf Täuschung berechnetes Mittel anwendet, wird mit Freiheitsstrafe bis zu fünf Jahren bestraft; zugleich kann auf Versetzung in die zweite Klasse des Soldatenstandes erkannt werden.

Dieselbe Strafvorschrift findet auf den Theilnehmer Anwendung.

Fünfter Abschnitt.

Feigheit.

84. (K.G.) Wer während des Gefechts aus Feigheit die Flucht ergreift und die Kameraden durch Worte oder Zeichen zur Flucht verleitet, wird mit dem Tode bestraft.

85. (K.G.) Mit Zuchthaus bis zu fünf Jahren wird bestraft, wer aus Feigheit

1) bei dem Vormarsche zum Gefecht, während des Gefechts oder auf dem Rückzuge von seinem Truppentheile heimlich zurückbleibt, von demselben sich wegschleicht oder sich versteckt hält, die Flucht ergreift, seine Waffen oder Munition wegwirft oder im Stiche läßt, oder sein Pferd oder seine Waffen unbrauchbar macht, oder
2) durch Vorschützung einer Verwundung oder eines Leidens, oder durch absichtlich veranlaßte Trunkenheit sich dem Gefechte oder vor dem Feinde einer sonstigen, mit Gefahr für seine Person verbundenen Dienstleistung zu entziehen sucht.

In minder schweren Fällen tritt Gefängniß von Einem Jahre bis zu fünf Jahren und Versetzung in die zweite Klasse des Soldatenstandes ein.

86. (K.G.) Ist in den Fällen des §. 85 durch die Feigheit ein erheblicher Nachtheil verursacht worden, so tritt Zuchthaus nicht unter fünf Jahren, und wenn der Tod eines Menschen verursacht worden, Zuchthaus nicht unter zehn Jahren oder lebenslängliches Zuchthaus ein.

87. (K.G. bez. i. F. St.G.) Wer in anderen, als den in den §§. 84 und 85 benannten Fällen aus Besorgniß vor persönlicher Gefahr eine militärische Dienstpflicht verletzt, wird mit Freiheitsstrafe bis zu drei Jahren bestraft; zugleich kann auf Versetzung in die zweite Klasse des Soldatenstandes erkannt werden.

88. Hat der Thäter in den Fällen der §§. 85 und 86 nach der That hervorragende Beweise von Muth abgelegt, so kann die Strafe unter den Mindestbetrag der angedrohten Freiheitsstrafe ermäßigt und in den Fällen der §§. 85 und 87 von der Bestrafung gänzlich abgesehen werden.

Sechster Abschnitt.

Strafbare Handlungen gegen die Pflichten der militärischen Unterordnung.

89. (St.G. bez. K.G.) Wer im Dienste oder in Beziehung auf eine Diensthandlung die dem Vorgesetzten schuldige Achtung verletzt, insbesondere laut Beschwerde oder gegen einen Verweis Widerrede führt, wird mit Arrest bestraft.

(K.G. bez. St.G.) Wird die Achtungsverletzung unter dem Gewehr oder vor versammelter Mannschaft begangen, oder stellt sich dieselbe als eine Drohung dar, so ist auf strengen Arrest nicht unter vierzehn Tagen, oder auf Gefängniß oder Festungshaft bis zu drei Jahren zu erkennen.

90. (St.G. bez. K.G.) Wer auf Befragen in dienstlichen Angelegenheiten dem Vorgesetzten wissentlich die Unwahrheit sagt, wird mit Arrest bestraft.

91. (K.G. bez. St.G.) Wer einen Vorgesetzten oder im Dienstrange Höheren beleidigt, wird mit Freiheitsstrafe bis zu zwei Jahren und, wenn die Beleidigung im Dienste oder in Beziehung auf eine Diensthandlung begangen, mit Freiheitsstrafe bis zu drei Jahren bestraft.

(K.G.) Ist die Beleidigung durch Verbreitung von Schriften, Darstellungen oder Abbildungen begangen, so ist auf Gefängniß oder Festungshaft bis zu fünf Jahren zu erkennen.

(K.G.) Ist die Beleidigung eine verleumderische, so tritt Gefängniß bis zu fünf Jahren ein.

Vergl. §§ 185—200 R.Str.G.B.

92. (St.G. bez. K.G.) Ungehorsam gegen einen Befehl in Dienstsachen durch Nichtbefolgung oder durch eigenmächtige Abänderung oder Ueberschreitung desselben wird mit Arrest bestraft.

93. (K.G. bez. St.G.) Wird durch den Ungehorsam ein erheblicher Nachtheil verursacht, so tritt strenger Arrest nicht unter vierzehn Tagen oder Gefängniß oder Festungshaft bis zu zehn Jahren, (K.G.) im Felde Freiheitsstrafe nicht unter Einem Jahre oder lebenslängliche Freiheitsstrafe ein.

(K.G. bez. St.G.) Wird durch den Ungehorsam die Gefahr eines erheblichen Nachtheils herbeigeführt, so tritt Freiheitsstrafe bis zu zwei Jahren, (K.G.) im Felde Freiheitsstrafe von drei Monaten bis zu drei Jahren ein.

94. (K.G. bez. St.G.) Wer den Gehorsam ausdrücklich verweigert oder seinen Ungehorsam sonst durch Worte, Geberden oder andere Handlungen zu erkennen gibt, ingleichen wer den Vorgesetzten über einen von ihm erhaltenen Dienstbefehl oder Verweis zur Rede stellt, oder auf wiederholt erhaltenen Befehl in Dienstsachen im Ungehorsam beharrt, wird mit strengem Arrest nicht unter vierzehn Tagen oder mit Gefängniß oder Festungshaft bis zu drei Jahren bestraft.

95. (K.G.) Wird eine der in dem §. 94 bezeichneten Handlungen vor versammelter Mannschaft oder gegen den Befehl, unter das Gewehr zu treten, oder unter dem Gewehr begangen, so tritt Gefängniß oder Festungshaft nicht unter Einem Jahre ein.

Ist eine solche Handlung vor dem Feinde begangen, so tritt Freiheitsstrafe nicht unter zehn Jahren ein. Besteht die Handlung darin, daß der Gehorsam gegen einen vor dem Feinde ertheilten Befehl durch Wort oder That ausdrücklich verweigert wird, so tritt Todesstrafe, in minder schweren Fällen Freiheitsstrafe nicht unter zehn Jahren oder lebenslängliche Freiheitsstrafe ein.

96. (K.G.) Wer es unternimmt, einen Vorgesetzten mittels Gewalt oder Drohung an der Ausführung eines Dienstbefehls zu hindern oder zur Vornahme oder Unterlassung einer Diensthandlung zu nöthigen, wird wegen Widersetzung mit Freiheitsstrafe von sechs Monaten bis zu zehn Jahren, im Felde mit Gefängniß nicht unter zwei Jahren bestraft.

Dieselbe Strafe tritt ein, wenn die Handlung gegen die zur Unterstützung des Vorgesetzten befehligten oder zugezogenen Mannschaften begangen wird.

97. (K.G.) Wer sich an einem Vorgesetzten thätlich vergreift oder einen thätlichen Angriff gegen denselben unternimmt, wird mit Freiheitsstrafe nicht unter drei Jahren, in minder schweren Fällen mit Freiheitsstrafe nicht unter Einem Jahre bestraft. Wird die Handlung unter dem Gewehr oder sonst im Dienste, oder vor versammelter Mannschaft, oder mit einer Waffe oder einem anderen gefährlichen Werkzeuge ausgeführt, so tritt Freiheitsstrafe nicht unter fünf Jahren, in minder schweren Fällen Freiheitsstrafe nicht unter zwei Jahren ein.

Statt auf Gefängniß oder Festungshaft ist auf Zuchthaus von gleicher Dauer zu erkennen, wenn die Thätlichkeit eine schwere Körperverletzung oder den Tod des Vorgesetzten verursacht hat.

Ist die Thätlichkeit im Felde begangen, so tritt Todesstrafe, in minder schweren Fällen oder wenn die Thätlichkeit außer dem Dienste begangen ist, Freiheitsstrafe nicht unter zehn Jahren oder lebenslängliche Freiheitsstrafe ein.

Neben Gefängniß und neben Festungshaft ist auf Dienstentlassung zu erkennen.

Vergl. §§ 223a, 224, 226 R.Str.G.B.

98. Ist ein Untergebener dadurch, daß der Vorgesetzte ihn vorschriftswidrig behandelt oder die Grenzen seiner Dienstgewalt überschritten hat, gereizt und auf der Stelle zu einer der in den §§. 89 bis 97 bezeichneten strafbaren Handlungen hingerissen worden, so ist, wenn die Handlung mit dem Tode oder mit lebenslänglicher Freiheitsstrafe bedroht ist, auf Freiheitsstrafe nicht unter drei Jahren zu erkennen; ist zeitige Freiheitsstrafe angedroht, so kann die Strafe bis zur Hälfte des Mindestbetrages der angedrohten Freiheitsstrafe, und wenn diese Hälfte mehr als Ein Jahr beträgt, bis auf die Dauer Eines Jahres ermäßigt, gegen Offiziere auch von der Dienstentlassung abgesehen werden.

Stellt sich die Handlungsweise des Vorgesetzten als eine Mißhandlung oder sonst als herabwürdigende Behandlung des Untergebenen dar, so kann die Strafe, wo die Hälfte des Mindestbetrages der angedrohten Strafe mehr als sechs Monate beträgt, auf die Dauer von sechs Monaten ermäßigt werden; die Strafe darf nicht den dritten Theil des Höchstbetrages der angedrohten Strafe übersteigen.

99. (K.G. bez. St.G.) Wer eine Person des Soldatenstandes zur Verweigerung des Gehorsams, zur Widersetzung oder zu einer Thätlichkeit gegen den Vorgesetzten auffordert oder anreizt, ist gleich dem Anstifter zu bestrafen, wenn die Aufforderung oder Anreizung die strafbare Handlung oder einen strafbaren Versuch derselben zur Folge gehabt hat.

(K.G. bez. i. F. St.G.) Ist die Aufforderung oder Anreizung ohne Erfolg geblieben, so ist auf Freiheitsstrafe bis zu zwei Jahren, im Felde auf mittleren oder strengen Arrest oder auf Gefängniß oder Festungshaft bis zu fünf Jahren zu erkennen. Die Strafe darf jedoch, der Art oder dem Maße nach, keine schwerere sein, als die auf die Handlung selbst angedrohte.

Vergl. § 48 R.Str.G.B.

100. (K.G.) Wer mehrere Personen des Soldatenstandes auffordert oder anreizt, gemeinschaftlich entweder dem Vorgesetzten den Gehorsam zu verweigern oder sich ihm zu widersetzen oder eine Thätlichkeit gegen denselben zu begehen, wird ohne Rücksicht darauf, ob ein Erfolg eingetreten ist, wegen Aufwiegelung mit Gefängniß nicht unter fünf Jahren bestraft.

Ist durch die Handlung ein erheblicher Nachtheil für den Dienst verursacht worden, so tritt Gefängniß nicht unter zehn Jahren ein; im Felde kann auf lebenslängliches Gefängniß erkannt werden.

101. (K.G. bez. i. F. St.G.) Wer unbefugt eine Versammlung von Personen des Soldatenstandes behufs Berathung über militärische Angelegenheiten oder Einrichtungen veranstaltet, oder zu einer gemeinsamen Vorstellung oder Beschwerde über solche Angelegenheiten oder Einrichtungen Unterschriften sammelt, wird mit Freiheitsstrafe bis zu drei Jahren bestraft; zugleich kann auf Dienstentlassung erkannt werden.

Die an einer solchen Versammlung, Vorstellung oder Beschwerde Betheiligten werden mit Freiheitsstrafe bis zu sechs Monaten bestraft.

102. (K.G. bez. St.G.) Wer es unternimmt, Mißvergnügen in Beziehung auf den Dienst unter seinen Kameraden zu erregen, wird, wenn dies durch mündliche Aeußerungen geschieht, mit Freiheitsstrafe bis zu drei Jahren bestraft.

Ist die Handlung durch Verbreitung von Schriften, Darstellungen oder Abbildungen oder ist sie im Felde begangen, so ist auf mittleren oder strengen Arrest nicht unter vierzehn Tagen oder auf Gefängniß oder Festungshaft bis zu fünf Jahren zu erkennen.

103. (K.G.) Verabreden Mehrere eine gemeinschaftliche Verweigerung des Gehorsams oder eine gemeinschaftliche Widersetzung oder Thätlichkeit gegen den Vorgesetzten, so werden dieselben wegen Meuterei bestraft. Die Strafe ist nach demjenigen Gesetze festzusetzen, welches auf die Handlung Anwendung findet, deren Begehung verabredet worden ist, und zugleich um die Dauer von drei Monaten bis zu zwei Jahren zu erhöhen.

Ist in Folge der Verabredung die strafbare Handlung begangen worden, so ist die Strafe, mit welcher die Handlung bedroht ist, nach §. 53 zu erhöhen, wenn die hiernach zulässige Strafe höher ist, als die nach den Bestimmungen des ersten Absatzes verwirkte Strafe.

104. (K.G. bez. i. F. St.G.) Wer von einer Meuterei zu einer Zeit, in welcher die Verhütung der verabredeten strafbaren Handlung möglich ist, glaubhafte Kenntniß erhält und es unterläßt, hiervon rechtzeitig Anzeige zu machen, wird, wenn die verabredete strafbare Handlung begangen worden ist, mit Freiheitsstrafe bis zu drei Jahren bestraft.

105. Straflosigkeit tritt für den an der Meuterei Betheiligten ein, welcher von der Meuterei zu einer Zeit, wo die Dienstbehörde nicht schon anderweit davon unterrichtet ist, in einer Weise Anzeige macht, daß die Verhütung der verabredeten Handlung möglich ist.

106. (K.G.) Wenn Mehrere sich zusammenrotten und mit vereinten Kräften es unternehmen, dem Vorgesetzten den Gehorsam zu verweigern, sich ihm zu widersetzen oder eine Thätlichkeit gegen denselben zu begehen, so wird jeder, welcher an der Zusammenrottung theilnimmt,

4*

wegen militärischen Aufruhrs mit Gefängniß nicht unter fünf Jahren, im Felde mit Gefängniß nicht unter zehn Jahren bestraft; zugleich ist auf Versetzung in die zweite Klasse des Soldatenstandes zu erkennen.

107. (K.G.) Die Rädelsführer und Anstifter eines militärischen Aufruhrs, sowie diejenigen Aufrührer, welche eine Gewaltthätigkeit gegen den Vorgesetzten begehen, werden mit Zuchthaus nicht unter fünf Jahren oder mit lebenslänglichem Zuchthaus, und wenn der Aufruhr im Felde begangen wird, mit dem Tode bestraft.

108. (K.G.) Wird der militärische Aufruhr vor dem Feinde begangen, so tritt gegen sämmtliche Betheiligte die Todesstrafe ein.

109. (K.G.) Die an einem militärischen Aufruhr Betheiligten, welche zur Ordnung zurückkehren, bevor es zu einer Gewaltthätigkeit gegen den Vorgesetzten gekommen, werden mit Gefängniß oder Festungshaft bis zu zwei Jahren bestraft, wenn sie nicht Anstifter oder Rädelsführer sind.

Ist in einem solchen Falle die Rückkehr zur Ordnung von allen an dem Aufruhr Betheiligten erfolgt, so ist gegen Anstifter und Rädelsführer auf Gefängniß oder Festungshaft von zwei bis zu fünf Jahren zu erkennen.

110. (K.G.) Dem Anstifter eines militärischen Aufruhrs gleich zu bestrafen ist derjenige an dem Aufruhr Betheiligte, welcher

1) persönlich von dem Vorgesetzten zum Gehorsam aufgefordert, diesen durch Wort oder That ausdrücklich verweigert,

2) durch Mißbrauch militärischer Signale oder durch Aufruhrzeichen den Aufruhr befördert, oder

3) unter den Aufrührern den höchsten Dienstrang einnimmt.

111. Wer gegen eine militärische Wache die ihr schuldige Achtung verletzt oder sich einer Beleidigung, eines Ungehorsams, einer Widersetzung oder einer Thätlichkeit schuldig macht, wird ebenso bestraft, als wenn er die Handlung gegen einen Vorgesetzten begangen hätte.

Als militärische Wache, im Sinne dieses Gesetzes, sind anzusehen alle zum Wacht- oder militärischen Sicherheitsdienste befehligten Personen des Soldatenstandes, mit Einschluß der Feldgendarmen und des Personals der Stabswache der Marine, welche in Ausübung dieses Dienstes begriffen und als solche äußerlich erkennbar sind.

112. (K.G.) Wer einen Vorgesetzten oder einen im Dienstrange Höheren aus dienstlicher Veranlassung zum Zweikampfe herausfordert, wird mit Freiheitsstrafe nicht unter Einem Jahre, und, wenn der Zweikampf vollzogen wird, mit Freiheitsstrafe nicht unter drei Jahren bestraft; zugleich ist auf Dienstentlassung zu erkennen.

Gleiche Strafen treffen den Vorgesetzten, welcher die Herausforderung annimmt oder den Zweikampf vollzieht.

Vergl. §§ 201—210 R.Str.G.B.

113. Eine Person des Beurlaubtenstandes wird, auch während sie sich nicht im Dienste befindet, nach den Vorschriften dieses Abschnitts bestraft, wenn sie dem §. 101 zuwiderhandelt, oder eine andere der in diesem Abschnitte vorgesehenen strafbaren Handlungen im dienstlichen Verkehr mit dem Vorgesetzten oder in der Militäruniform begeht, oder wenn sie sich des Ungehorsams oder der Widersetzung gegen einen rechtmäßigen Befehl in dienstlichen Angelegenheiten schuldig macht.

Siebenter Abschnitt.

Mißbrauch der Dienstgewalt.

114. (K.G.) Wer seine Dienstgewalt über einen Untergebenen zu befehlen oder Forderungen, die in keiner Beziehung zum Dienste stehen, oder zu Privatzwecken mißbraucht, ingleichen wer von dem Untergebenen Geschenke fordert, (K.G. bez. St.G.) von ihm, ohne Vorwissen des gemeinschaftlichen Vorgesetzten, Geld borgt oder Geschenke annimmt, oder (K.G.) den Untergebenen sonst durch seine dienstliche Stellung veranlaßt, gegen ihn Verbindlichkeiten einzugehen, die demselben nachtheilig sind oder auf das gegenseitige Dienstverhältniß von nachtheiligem Einflusse sein können, wird mit Gefängniß oder Festungshaft bis zu zwei Jahren, in minder schweren Fällen mit Arrest bestraft.

In schweren Fällen, insbesondere im Rückfalle, kann zugleich auf Dienstentlassung oder Degradation erkannt werden.

115. (K.G. bez. St.G.) Wer durch Mißbrauch seiner Dienstgewalt oder seiner dienstlichen Stellung einen Untergebenen zu einer von demselben begangenen, mit Strafe bedrohten Handlung vorsätzlich bestimmt hat, wird als Thäter oder als Anstifter mit erhöhter Strafe belegt.

Vergl. §§ 47, 48 R.Str.G.B.

116. (K.G. bez. i. F. St.G.) Wer es unternimmt, durch Mißbrauch seiner Dienstgewalt oder seiner dienstlichen Stellung einen Untergebenen zur Begehung einer mit Strafe bedrohten Handlung zu bestimmen, wird mit Freiheitsstrafe bis zu Einem Jahre bestraft.

117. (K.G. bez. i. F. St.G.) Ein Vorgesetzter, welcher einen oder mehrere Untergebene mit Androhung nachtheiliger Folgen oder durch andere widerrechtliche Mittel von dem Führen oder Verfolgen von Beschwerden abzuhalten sucht, oder eine an ihn vorschriftsmäßig gelangte Beschwerde, zu deren Weiterbeförderung oder Untersuchung er verpflichtet ist, unterdrückt oder zu unterdrücken versucht, wird mit Freiheitsstrafe bis zu fünf Jahren bestraft; zugleich kann auf Dienstentlassung oder Degradation erkannt werden.

118. (K.G.) Wer vorsätzlich seine Strafbefugnisse überschreitet, insbesondere wer wissentlich unverdiente oder unerlaubte Strafen verhängt, wird mit Gefängniß bis zu fünf Jahren bestraft; zugleich kann auf Dienstentlassung erkannt werden.

119. (K.G.) Wer vorsätzlich einen gesetzwidrigen Einfluß auf die Rechtspflege ausübt, wird mit Gefängniß bis zu fünf Jahren bestraft; zugleich kann auf Dienstentlassung oder Degradation erkannt werden.

In minder schweren Fällen ist auf Festungshaft bis zu fünf Jahren zu erkennen.

120. (K.G. bez. i. F. St.G.) Wer unbefugt eine Handlung vornimmt, die nur kraft einer Befehlsbefugniß oder Strafgewalt vorgenommen werden darf, wird mit Freiheitsstrafe bis zu Einem Jahre bestraft.

121. (K.G. bez. St.G.) **Wer einen Untergebenen beleidigt oder einer vorschriftswidrigen Behandlung desselben sich schuldig macht, wird mit Freiheitsstrafe bis zu zwei Jahren bestraft.**

(K.G.) Ist die Beleidigung eine verleumderische, so tritt Gefängniß bis zu fünf Jahren ein.

Vergl. §§ 185—200 R.Str.G.B.

122. (K.G.) Wer vorsätzlich einen Untergebenen stößt oder schlägt, oder auf andere Weise körperlich mißhandelt oder an der Gesundheit beschädigt, wird mit Gefängniß oder Festungshaft bis zu drei Jahren bestraft; in minder schweren Fällen kann die Strafe bis auf Eine Woche Arrest ermäßigt werden.

Auch kann, im wiederholten Rückfalle muß neben Gefängniß oder Festungshaft, auf Dienstentlassung oder Degradation erkannt werden.

Vergl. § 223 ff. R.Str.G.B.

123. (K.G.) Ist durch die Handlung eine schwere Körperverletzung des Untergebenen verursacht worden, so tritt Zuchthaus bis zu fünf Jahren, in minder schweren Fällen Gefängniß oder Festungshaft von sechs Monaten bis zu fünf Jahren ein.

War die schwere Körperverletzung beabsichtigt und eingetreten, so ist auf Zuchthaus von zwei bis zu zehn Jahren zu erkennen.

Ist durch die Körperverletzung (§. 122) der Tod des Untergebenen verursacht worden, so tritt Zuchthaus nicht unter drei Jahren, in minder schweren

Fällen Gefängniß oder Festungshaft nicht unter Einem Jahre ein.

Vergl. §§ 224—226 R.Str.G.B.

124. Diejenigen Handlungen, welche der Vorgesetzte begeht, um einen thätlichen Angriff des Untergebenen abzuwehren, oder um seinen Befehlen im Fall der äußersten Noth und dringendsten Gefahr Gehorsam zu verschaffen, sind nicht als Mißbrauch der Dienstgewalt anzusehen.

Dies gilt namentlich auch für den Fall, wenn ein Offizier in Ermangelung anderer Mittel, den durchaus nothwendigen Gehorsam zu erhalten, sich in der Lage befunden hat, gegen den thätlich sich ihm widersetzenden Untergebenen von der Waffe Gebrauch zu machen.

125. Eine militärische Wache, welche eine der in den §§. 114 bis 116, 118 bis 123 bezeichneten Handlungen begeht, wird ebenso bestraft, als wenn ein Vorgesetzter diese Handlung begangen hätte. Ist die Handlung gegen eine solche Person begangen, die außer dem Dienstverhältnisse der Wache deren Vorgesetzter ist, so tritt erhöhte Strafe ein.

Die in dem §. 124 enthaltene Vorschrift findet auch hier Anwendung.

126. Eine Person des Beurlaubtenstandes wird, auch während sie sich nicht im Dienste befindet, nach den Vorschriften dieses Abschnitts bestraft, wenn sie eine der in demselben vorgesehenen strafbaren Handlungen im dienstlichen Verkehre mit dem Untergebenen oder in der Militäruniform begeht.

Achter Abschnitt.

Widerrechtliche Handlungen im Felde gegen Personen oder Eigenthum.

127. Begeht eine Person des Soldatenstandes im Felde einen Diebstahl, eine Unterschlagung, eine Körperverletzung oder ein Verbrechen oder Vergehen wider die Sittlichkeit, so ist die Verfolgung der strafbaren Handlung unabhängig von dem Antrage des Verletzten oder einer anderen zum Antrage berechtigten Person.

Vergl. §§ 61—65, 172, 179, 182, 223, 230, 232, 242, 247 R.Str.G.B.

128. (K.G. bez. i.F. St.G.) Wer im Felde, um Beute zu machen, sich von der Truppe eigenmächtig entfernt, oder Sachen, welche an sich dem Beuterecht unterworfen sind, eigenmächtig zur Beute macht, wird mit Freiheitsstrafe bis zu drei Jahren bestraft; zugleich kann auf Versetzung in die zweite Klasse des Soldatenstandes erkannt werden.

Gleiche Strafe trifft denjenigen, welcher rechtmäßig von ihm erbeutetes Gut, das er abzuliefern verpflichtet ist, sich rechtswidrig zueignet.

129. Der Plünderung macht sich schuldig, wer im Felde unter Benutzung des Kriegsschreckens oder unter Mißbrauch seiner militärischen Ueberlegenheit

1) in der Absicht rechtswidriger Zueignung eine Sache der Landeseinwohner offen wegnimmt oder denselben abnöthigt, oder
2) unbefugt Kriegsschatzungen oder Zwangslieferungen erhebt oder das Maß der von ihm vorzunehmenden Requisitionen überschreitet, wenn dies des eigenen Vortheils wegen geschieht.

130. Als eine Plünderung ist es nicht anzusehen, wenn die Aneignung nur auf Lebensmittel, Heilmittel, Bekleidungsgegenstände, Feuerungsmittel, Fourage oder Transportmittel sich erstreckt und nicht außer Verhältniß zu dem vorhandenen Bedürfnisse steht.

131. (K.G.) Die Plünderung wird mit Gefängniß bis zu fünf Jahren und mit Versetzung in die zweite Klasse des Soldatenstandes bestraft.

132. (K.G. bez. i. F. St.G.) Boshafte oder muthwillige Verheerung oder Verwüstung fremder Sachen im Felde wird mit Freiheitsstrafe bis zu zwei Jahren, (K.G.) in schweren Fällen der Plünderung gleich bestraft.

Vergl. §§ 303—305 R.Str.G.B.

133. (K.G.) Wird die Plünderung oder eine ihr gleich zu bestrafende Handlung unter Gewaltthätigkeit gegen eine Person begangen, so ist auf Zuchthaus bis zu zehn Jahren zu erkennen. Ist durch die Gewaltthätigkeit eine schwere Körperverletzung verursacht worden, so tritt Zuchthaus nicht unter zehn Jahren und, wenn der Tod eines Menschen verursacht worden ist, Todesstrafe, in minder schweren Fällen lebenslängliches Zuchthaus ein.

In gleicher Weise werden die Rädelsführer bestraft, wenn die That von Mehreren begangen wird. Diejenigen, welche sich an einer solchen That betheiligen, ohne selbst eine Gewaltthätigkeit gegen eine Person zu begehen, trifft Gefängniß bis zu zehn Jahren; zugleich ist auf Versetzung in die zweite Klasse des Soldatenstandes zu erkennen.

Vergl. §§ 224, 226, 249—256 R.Str.G.B.

134. (K.G.) Wer im Felde in der Absicht rechtswidriger Zueignung einem auf dem Kampfplatze gebliebenen Angehörigen der deutschen oder verbündeten Truppen eine Sache abnimmt, oder einem Kranken oder Verwundeten auf dem Kampfplatze, auf dem Marsche, auf dem Transporte oder im Lazareth, oder einem seinem Schutze anvertrauten Kriegsgefangenen eine Sache wegnimmt oder abnöthigt, wird mit Zuchthaus bis zu zehn Jahren, in minder schweren Fällen mit Gefängniß bis zu fünf Jahren und Versetzung in die zweite Klasse des Soldatenstandes bestraft; zugleich kann auf Verlust der bürgerlichen Ehrenrechte erkannt werden.

Vergl. §§ 242ff., 253ff. R.Str.G.B.

135. (K.G.) Wer im Felde als Nachzügler Bedrückungen gegen die Landeseinwohner begeht, wird wegen Marodirens mit Gefängniß von sechs Monaten bis zu fünf Jahren bestraft; zugleich kann auf Versetzung in die zweite Klasse des Soldatenstandes erkannt werden.

Wird die Handlung von Mehreren begangen, die sich zur fortgesetzten Bedrückung der Landeseinwohner verbunden haben, oder artet dieselbe in eine Plünderung oder in eine derselben gleich zu bestrafende Handlung aus, so tritt gegen jeden Betheiligten Zuchthaus bis zu zehn Jahren ein.

136. Wird eine nach den §§. 129 bis 133 und 135 strafbare Handlung gegen einen Deutschen oder einen Angehörigen eines verbündeten Staats begangen, so ist auf erhöhte Strafe und, wenn in den allgemeinen

Strafgesetzen eine härtere Strafe angedroht ist, auf diese letztere zu erkennen.

Neunter Abschnitt.

Andere widerrechtliche Handlungen gegen das Eigenthum.

137. (K.G. bez. St.G.) Wer vorsätzlich und rechtswidrig einen Dienstgegenstand beschädigt, zerstört oder preisgibt, wird mit Freiheitsstrafe bis zu drei Jahren bestraft; in besonders schweren Fällen kann zugleich auf Versetzung in die zweite Klasse des Soldatenstandes erkannt werden.

Vergl. §§ 303—305 R.Str.G.B.

138. (K.G. bez. i. F. St.G.) Wer bei Ausübung des Dienstes oder unter Verletzung eines militärischen Dienstverhältnisses sich eines Diebstahls oder einer Unterschlagung an Sachen schuldig macht, welche ihm vermöge des Dienstes oder jenes Verhältnisses zugänglich oder anvertraut sind, wird mit mittlerem oder strengem Arrest nicht unter vierzehn Tagen oder mit Gefängniß bis zu fünf Jahren bestraft; zugleich kann auf Verlust der bürgerlichen Ehrenrechte erkannt werden. Gleiche Strafe trifft denjenigen, welcher einen Diebstahl oder eine Unterschlagung gegen einen Vorgesetzten oder einen Kameraden, gegen seinen Quartierwirth oder eine zu dessen Hausstand gehörige Person begeht.

(K.G.) Ist die Handlung ein Verbrechen im Sinne der allgemeinen Strafgesetze, so ist auf die in diesen Gesetzen angedrohte Strafe zu erkennen.

Vergl. §§ 242—248, 291, 307 Z. 5 u. 6 R.Str.G.B.

Zehnter Abschnitt.
Verletzung von Dienstpflichten bei Ausführung besonderer Dienstverrichtungen.

139. (K.G.) Wer vorsätzlich unrichtige Dienstatteste ausstellt oder Rapporte, dienstliche Meldungen oder dienstliche Berichte unrichtig abstattet, oder solche wissentlich weiter befördert, wird mit Gefängniß von sechs Monaten bis zu drei Jahren und mit Versetzung in die zweite Klasse des Soldatenstandes bestraft. In minder schweren Fällen tritt mittlerer oder strenger Arrest oder Gefängniß oder Festungshaft bis zu sechs Monaten ein.

140. (K.G.) Wer für eine Handlung, die eine Verletzung einer Dienstpflicht enthält, Geschenke oder andere Vortheile annimmt, fordert oder sich versprechen läßt, wird wegen Bestechung mit Zuchthaus bis zu fünf Jahren bestraft. In minder schweren Fällen tritt Freiheitsstrafe bis zu drei Jahren ein; auch kann neben dem Gefängniß auf Versetzung in die zweite Klasse des Soldatenstandes erkannt werden.

Vergl. § 331 R.Str.G.B.

141. (St. bez. K.G.) Wer als Befehlshaber einer militärischen Wache, eines Kommandos oder einer Abtheilung, oder wer als Schildwache oder als Posten in schuldhafter Weise sich außer Stand setzt, den ihm obliegenden Dienst zu versehen, oder eigenmächtig seinen Posten verläßt oder sonst den ihm in Bezug auf jenen Dienst ertheilten Vorschriften entgegenhandelt, wird mit mittlerem oder strengem Arrest nicht unter vierzehn Tagen, (K.G. bez. i. F. St.G.) im Felde mit mittlerem oder strengem Arrest nicht unter drei Wochen oder mit Gefängniß oder Festungshaft bis zu zwei Jahren bestraft

(K.G.) Wird durch die Pflichtverletzung ein Nachtheil verursacht, so tritt Gefängniß oder Festungshaft bis zu drei Jahren, im Felde Gefängniß oder Festungshaft nicht unter drei Jahren, und wenn dieselbe vor dem Feinde begangen ist, Todesstrafe, in minder schweren Fällen Freiheitsstrafe nicht unter zehn Jahren oder lebenslängliche Freiheitsstrafe ein.

(K.G.) Wird durch die Pflichtverletzung im Felde die Gefahr eines erheblichen Nachtheils herbeigeführt, so tritt Freiheitsstrafe nicht unter Einem Jahre, und wenn die Pflichtverletzung vor dem Feinde begangen ist, Freiheitsstrafe nicht unter zehn Jahren ein.

142. (K.G. bez. i. F. St.G.) Wer durch Fahrlässigkeit in der Wahrnehmung seines Dienstes eine erhebliche Beschädigung eines Schiffes oder dessen Zubehörs herbeiführt, wird mit Freiheitsstrafe bis zu drei Jahren bestraft; in schwereren Fällen kann zugleich auf Dienstentlassung erkannt werden.

143. Wer als Befehlshaber einer militärischen Wache, eines Kommandos oder einer Abtheilung, oder wer als Schildwache oder als Posten eine strafbare Handlung wissentlich begehen läßt, welche er verhindern konnte und zu verhindern dienstlich verpflichtet war, wird ebenso bestraft, als ob die Handlung von ihm selbst begangen wäre.

144. (K.G. bez. i. F. St.G.) Wer einen Gefangenen, dessen Beaufsichtigung, Begleitung oder Bewachung ihm anvertraut ist, vorsätzlich entweichen läßt, oder dessen Befreiung vorsätzlich bewirkt oder befördert, ingleichen wer eine von seinem Vorgesetzten ihm befohlene oder eine ihm dienstlich obliegende Verhaftung vorsätzlich nicht zur Ausführung bringt, wird mit mittlerem oder strengem Arrest nicht unter vierzehn Tagen oder mit Gefängniß oder Festungshaft bis zu fünf Jahren bestraft; auch kann neben Gefängniß auf Versetzung in die zweite Klasse des Soldatenstandes erkannt werden.

Ist die Entweichung des Gefangenen nur durch Fahrlässigkeit befördert oder erleichtert worden, oder ist die Verhaftung nur aus Fahrlässigkeit unterblieben, so tritt Freiheitsstrafe bis zu sechs Monaten ein.

Vergl. §§ 121, 347 R.Str.G.B.

145. (K.G.) Eine Person des Soldatenstandes, welche bei einem ihr übertragenen Geschäfte der Heeres- oder Marineverwaltung eine Handlung begeht, welche im Sinne der allgemeinen Strafgesetze ein Verbrechen oder Vergehen im Amte darstellt, ist nach den in jenen Gesetzen für Beamte gegebenen Bestimmungen zu bestrafen.

Vergl. §§ 331—339 R.Str.G.B.

Elfter Abschnitt.

Sonstige Handlungen gegen die militärische Ordnung.

146. (St.G. bez. K.G.) Wer ohne Erlaubniß die Wache oder bei einem Kommando oder auf dem Marsche seinen Platz verläßt, wird mit Arrest bestraft; (K.G. bez. St.G.) im Felde tritt mittlerer oder strenger Arrest oder Gefängniß oder Festungshaft bis zu sechs Monaten ein.

147. (K.G. bez. i. F. St.G.) Wer die ihm obliegende Beaufsichtigung seiner Untergebenen in schuldhafter Weise verabsäumt, oder wer die ihm obliegende Meldung oder Verfolgung strafbarer Handlungen seiner Untergebenen vorsätzlich unterläßt, wird mit Freiheitsstrafe bis zu sechs Monaten bestraft; gegen Offiziere kann zugleich auf Dienstentlassung erkannt werden.

148. (K.G. bez. i. F. St.G.) Wer durch unvorsichtige Behandlung von Waffen oder Munition einen Menschen körperlich verletzt, wird mit Freiheitsstrafe bis zu drei Jahren und, (K.G.) wenn der Tod eines Menschen verursacht worden ist, mit Gefängniß oder Festungshaft bis zu fünf Jahren bestraft.

Vergl. §§ 220, 230—232 R.Str.G.B.

149. (K.G.) Wer rechtswidrig von seiner Waffe Gebrauch macht, oder einen Untergebenen zum rechtswidrigen Waffengebrauche auffordert, wird vorbehaltlich der verwirkten höheren Strafe mit Gefängniß oder Festungshaft bis zu Einem Jahre bestraft.

Vergl. §§ 223a—228 R.Str.G.B.

150. (K.G.) Wer ohne die erforderliche dienstliche Genehmigung sich verheirathet, wird mit Festungshaft bis zu drei Monaten bestraft; zugleich kann auf Dienstentlassung erkannt werden.

Auf die Rechtsgültigkeit der geschlossenen Ehe ist der Mangel der dienstlichen Genehmigung ohne Einfluß.

151. (K.G. bez. St.G.) Wer im Dienste oder, nachdem er zum Dienste befehligt worden, sich durch Trunkenheit zur Ausführung seiner Dienstverrichtung untauglich macht, wird mit mittlerem oder strengem Arrest oder mit Gefängniß oder Festungshaft bis zu Einem Jahre bestraft; zugleich kann auf Dienstentlassung erkannt werden.

152. (K.G. bez i. F. St.G.) Wer wider besseres Wissen eine auf unwahre Behauptungen gestützte Beschwerde anbringt, wird mit Freiheitsstrafe bis zu Einem Jahre bestraft.

(St.G. bez. K.G.) Wer wiederholt und leichtfertig auf unwahre Behauptungen gestützte Beschwerden oder wer eine Beschwerde unter Abweichung von dem vorgeschriebenen Dienstwege einbringt, wird mit Arrest bestraft.

Zweiter Titel.

Militärische Verbrechen und Vergehen der Militärbeamten.

153. Ein Militärbeamter, welcher sich im Felde einer der in dem ersten bis dritten, dem sechsten und achten Abschnitt des ersten Titels bezeichneten strafbaren Handlungen schuldig macht, wird nach den daselbst für Personen des Soldatenstandes gegebenen Bestimmungen bestraft; statt auf Versetzung in die zweite Klasse des Soldatenstandes ist auf Amtsverlust zu erkennen.

154. Andere Pflichtverletzungen der Militärbeamten sind nach den allgemeinen, für Beamte geltenden Vorschriften zu beurtheilen.

Vergl. §§ 331—339 R.Str.G.B.

Dritter Titel.

Strafbestimmungen für Personen, welche den Militärgesetzen nur in Kriegszeiten unterworfen sind.

155. Während eines gegen das Deutsche Reich ausgebrochenen Krieges sind alle Personen, welche sich in irgend einem Dienst- oder Vertragsverhältnisse bei dem kriegführen den Heere befinden, oder sonst sich bei demselben aufhalten oder ihm folgen, den Strafvorschriften dieses Gesetzes, insbesondere den Kriegsgesetzen unterworfen.

156. Neben einer jeden Freiheitsstrafe, welche gegen eine Person verhängt wird, die sich zu den Truppen in einem Dienst- oder Vertragsverhältnisse befindet, kann zugleich auf Aufhebung dieses Verhältnisses erkannt werden.

157. Ausländische Offiziere, welche zu dem kriegführenden Heere zugelassen sind, werden, wenn der Kaiser nicht etwa besondere Bestimmungen getroffen hat, nach den für Deutsche Offiziere geltenden Vorschriften beurtheilt.

Auf das Gefolge solcher Offiziere findet die Vorschrift des §. 155 Anwendung.

158. Auf strafbare Handlungen eines Kriegsgefangenen finden nach Maßgabe seines Militärranges die Vorschriften dieses Gesetzes entsprechende Anwendung.

159. (K.G.) Ein Kriegsgefangener, welcher unter Bruch des gegebenen Ehrenwortes entweicht, oder, auf Ehrenwort entlassen, die gegebene Zusage bricht, wird mit dem Tode bestraft.

Dieselbe Strafe trifft denjenigen, welcher den Bedingungen, unter denen er aus der Kriegsgefangenschaft entlassen, vor Beendigung des Krieges entgegenhandelt.

160. (K.G.) Ein Ausländer oder Deutscher, welcher während eines gegen das Deutsche Reich ausgebrochenen Krieges auf dem Kriegsschauplatze sich einer der in den §§. 57 bis 59 und 134 vorgesehenen Handlungen schuldig macht, ist nach den in diesen Paragraphen gegebenen Bestimmungen zu bestrafen.

161. Ein Ausländer oder Deutscher, welcher in einem von Deutschen Truppen besetzten ausländischen Gebiete gegen Deutsche Truppen oder Angehörige derselben oder gegen eine auf Anordnung des Kaisers eingesetzte Behörde eine nach den Gesetzen des Deutschen Reichs strafbare Handlung begeht, ist ebenso zu bestrafen, als wenn diese Handlung von ihm im Bundesgebiete begangen wäre.

Vergl. § 4 R.Str.G.B.

Vierter Titel.

Zusatzbestimmungen für die Marine.

162. Von den in diesem Gesetze den Verhältnissen des Heeres entlehnten Ausdrücken sind für die Marine als gleichbedeutend zu betrachten:

Heer als gleichbedeutend mit Marine oder Flotte;
Truppe als gleichbedeutend mit Schiff;
Befehlshaber einer militärischen Wache als gleichbedeutend mit Offizier der Wache;
Militärische Kokarde als gleichbedeutend mit dem entsprechenden Abzeichen in der Marine;

Stubenarrest als gleichbedeutend mit Kammerarrest; Wohnung als gleichbedeutend mit Kammer.

163. Unter Schiff im Sinne dieses Gesetzes ist jedes Fahrzeug der Marine zu verstehen, auf welchem ein militärischer Befehlshaber nebst Besatzung eingeschifft ist.

164. Als mobiler Zustand gilt in der Marine der Kriegszustand eines Schiffes. Als im Kriegszustande befindlich ist jedes Schiff der Marine zu betrachten, welches außerhalb der heimischen Gewässer allein fährt.

Für die am Lande befindlichen Militärpersonen der Marine tritt im Sinne dieses Gesetzes die Mobilmachung unter denselben Voraussetzungen ein, wie für die Militärpersonen des Heeres.

165. Als vor dem Feinde befindlich zu betrachten ist ein Schiff, so lange in Gewärtigung eines Zusammentreffens mit dem Feinde ein oder mehrere Geschütze des Schiffes scharf geladen sind.

166. Außer den Militärpersonen sind die Angestellten des Schiffes den Militärstrafgesetzen unterworfen.

Andere am Borde des Schiffes dienstlich eingeschiffte Personen unterliegen den Kriegsgesetzen, so lange das Schiff sich im Kriegszustande befindet.

Urkundlich unter Unserer Höchsteigenhändigen Unterschrift und beigedrucktem Kaiserlichen Insiegel.

Gegeben Schloß Babelsberg den 20. Juni 1872.

(L. S.) Wilhelm.

Fürst v. Bismarck.

Anlage.

Verzeichniß
der
zum Deutschen Heer und zur Kaiserlichen Marine gehörenden Militärpersonen.

Die zum Deutschen Heer und zur Kaiserlichen Marine gehörenden Militärpersonen bestehen aus Personen des Soldatenstandes und aus Militärbeamten.

A. Personen des Soldatenstandes sind:

I. Die Offiziere.

Die Offiziere zerfallen in vier Hauptklassen:

im Heer:

1) Generalität,
2) Stabsoffiziere,
3) Hauptleute und Rittmeister,
4) Subalternoffiziere
(Premier- und Sekond-Leutenants).

in der Marine:

1) Flaggoffiziere oder Admirale,
2) Stabsoffiziere,

3) Kapitänleutenants,
4) Subalternoffiziere
(Leutenants und Unterleutenants zur See).

II. Die Unteroffiziere

sind eingetheilt im Heer und in der Marine: in
1) solche, welche das Offizier-Portepee tragen (Portepee-Unteroffiziere),
2) solche, welche das Offizier-Portepee nicht tragen (Unteroffiziere ohne Portepee).

III. Die Gemeinen

mit Einschluß der Obergefreiten und Gefreiten.

IV. Die Mitglieder des Sanitäts-Korps, sowie

V. Die Mitglieder des Maschinen-Ingenieur-Korps

gehören nach Maßgabe ihres Militärranges zu den unter Nr. I., II. und III. aufgeführten Kategorien.

B. **Militärbeamte**

sind alle im Heer und in der Marine für das Bedürfniß des Heeres oder der Marine dauernd oder auf Zeit angestellten, nicht zum Soldatenstande gehörenden und unter dem Kriegsminister oder Chef der Admiralität als Verwaltungschef stehenden Beamten, welche einen Militärrang haben. Es macht dabei keinen Unterschied, ob sie einen Diensteid geleistet haben oder nicht.

Militärbeamte, die im Offizierrange stehen, sind obere Militärbeamte, alle anderen Militärbeamten sind untere Militärbeamte.

Sachregister.

(Die angeführten Zahlen bezeichnen die Paragraphen.)

Herrosé & Ziemsen, Wittenberg.

Verzeichniß

der

Guttentag'schen Sammlung

Deutscher Reichsgesetze

und

Preußischer Gesetze.

Text-Ausgaben mit Anmerkungen
und Sachregister.

Taschenformat.

Berlin.
J. Guttentag, Verlagsbuchhandlung,
G. m. b. H.

Guttentag'sche Sammlung

Deutscher Reichsgesetze.

Text-Ausgaben mit Anmerkungen. Taschenformat.

---

1. **Verfassung** des Deutschen Reichs. Gegeben Berlin, den 16. April 1871. Von Dr. **L. von Rönne.** Achte neubearbeitete Auflage von **Paul von Rönne,** Landrath. 1 M. 60 Pf.

2. **Strafgesetzbuch** für das Deutsche Reich. Nebst den gebräuchlichsten Reichs-Strafgesetzen: Presse, Personenstand, Nahrungsmittel, Entziehung elektrischer Arbeit, Kranken-, Unfall-, Invalidenversicherung, Gewerbeordnung, unlauterer Wettbewerb, Depot- und Börsengesetz u. s. w. Von Dr. **H. Rüdorff.** Zwanzigste Auflage von Dr. **H. Appelius,** Kammergerichtsrath. Gebunden in ganz Leinen 1 M. 20 Pf.

3. **Militärstrafgerichtsordnung** nebst Einführungsgesetz und Gesetz, betr. die Dienstvergehen der richterlichen Militärjustizbeamten und die unfreiwillige Versetzung derselben in eine andere Stelle oder in den Ruhestand. Von Dr. **P. Herz,** Geh. Admiralitätsrath. Zweite Auflage. Geb. in ganz Leinen 3 M.

Militär-Strafgesetzbuch nebst Abdruck der entsprechenden Bestimmungen des Reichs-Strafgesetzbuchs Text-Ausgabe mit Sachregister. Geb. in ganz Leinen 1 M.

4. **Handelsgesetzbuch vom 10. Mai 1897** unter Ausschluß des Seerechts. Mit den ergänzenden Vorschriften des Bürgerlichen Gesetzbuchs und Erläuterungen herausgegeben von **F. Litthauer,** Justizrath. Zwölfte Auflage. Geb. in ganz Leinen 2 M. 80 Pf.

5. Allgemeine Deutsche **Wechselordnung.** Siebente Auflage von Dr. **E. Ball,** Rechtsanwalt, und das Reichsgesetz über die **Wechselstempelsteuer.** Sechste Auflage von Reg.-Assessor **P. Loeck.** 1897. 2 M.
Neue Auflage in Vorbereitung.

6. **Gewerbeordnung** für das Deutsche Reich in der Fassung der Bekanntmachung vom 26. Juli 1900 nebst Ausführungsbestimmungen. Von **T. Ph. Berger,** fortgeführt von Dr. **Wilhelmi,** Geh. Ober-Regierungsrath. Sechszehnte vermehrte Auflage. Im Druck.

7. Die deutsche **Post- und Telegraphen-Gesetzgebung.** Nebst dem Weltpostvertrag und dem internationalen Telegraphenvertrag. Von Dr. **P. D. Fischer,** Unterstaatssekretär im Reichs-Postamt. Vierte Auflage. 1895. 2 M. 60 Pf.

8. Die **Reichsgesetze** über den **Unterstützungswohnsitz** in der Fassung der Novelle vom 12. März 1894, die **Freizügigkeit,** den **Erwerb** und **Verlust** der

Bundes- und Staatsangehörigkeit, nebst allen landesgesetzlichen Bestimmungen. Von Geheimrath Dr. **J. Krech,** Mitglied des Bundesamtes für das Heimathwesen. Vierte Auflage. 2 M. 25 Pf.

9a. Sammlung **kleinerer privatrechtlicher** Reichsgesetze. Von **F. Vierhaus,** Geh. Ober-Justizrath. Zweite Auflage in Vorbereitung.

9b. Sammlung **kleinerer strafrechtlicher** Reichsgesetze. Von **M. Werner,** Geh. Ober-Regierungsrath. Zweite Auflage in Vorbereitung.

10. Das **Reichsbeamtengesetz** vom 31. März 1873 und seine Ergänzungen. Erläutert von **J. Pieper,** Geh. Ober-Regierungsrath. Zweite Auflage. Geb. in ganz Leinen. Im Druck.

11. **Civilprozeßordnung mit Gerichtsverfassungsgesetz,** Einführungsgesetzen und Ergänzungen. In der Fassung des Gesetzes vom 17. Mai 1898. Unter besonderer Berücksichtigung der Entscheidungen des Reichsgerichts herausgegeben mit Anmerkungen von **R. Sydow,** Direktor im Reichs-Postamt und **L. Busch,** Kammergerichtsrath. Neunte Auflage. 8°. Geb. in ganz Leinen ca. 5 M.

Dieser Band ist in größerem Format erschienen!

12. **Strafprozeßordnung und Gerichtsverfassungsgesetz in der vom** 1. Januar 1900 ab geltenden Fassung, **nebst dem Gesetz, betreffend die Entschädigung der im Wiederaufnahmeverfahren freigesprochenen Personen.** Von **A. Hellweg,** Reichsgerichtsrath. Elfte Auflage. Geb. in ganz Leinen 2 M.

13. **Konkursordnung und Anfechtungsgesetz** mit Einführungs- und Nebengesetzen. In der Fassung der Gesetze vom 17. Mai 1898. Unter besonderer Berücksichtigung der Entscheidungen des Reichsgerichts herausgegeben mit Anmerkungen von **R. Sydow,** Direktor im Reichs-Postamt und **L. Busch,** Kammergerichtsrath. Achte Auflage. Geb. in ganz Leinen 1 M. 80 Pf.

14. **Gerichtsverfassungsgesetz** mit Einführungsgesetz, Nebengesetzen und Ergänzungen. In der Fassung des Gesetzes vom 17. Mai 1898. Unter Berücksichtigung der Entscheidungen des Reichsgerichts herausgegeben von **R. Sydow,** Direktor im Reichs-Postamt und **L. Busch,** Kammergerichtsrath. Achte Auflage. 1 M. 20 Pf.

15. **Das deutsche Gerichtskostengesetz nebst den Gebührenordnungen für Gerichtsvollzieher, Zeugen und Sachverständige.** In der Fassung vom 20. Mai 1898. Unter besonderer Berücksichtigung der Entscheidungen

des Reichsgerichtes herausgegeben mit Anmerkungen und Kostentabellen von **R. Sydow**, Direktor im Reichs-Postamt und **L. Busch**, Kammergerichtsrath. Sechste vermehrte Auflage. Geb. in ganz Leinen 1 M. 50 Pf.

16. **Rechtsanwaltsordnung.** Von **R. Sydow**, Direktor im Reichspostamt. Vierte Auflage von Dr. **E. Mosler**, Gerichtsassessor. Geb. in ganz Leinen 1 M. 20 Pf.

17. Die **Deutsche Gebührenordnung für Rechtsanwälte und das Preußische Gebührengesetz** vom 27. September/6. Oktober 1899. Von **R. Sydow**, Direktor im Reichs-Postamt und **L. Busch**, Kammergerichtsrath. Sechste Auflage. Geb. in ganz Leinen 1 M. 50 Pf.

18. **Reichsstempelgesetz (Börsensteuergesetz)** v. 14. Juni 1900, mit den Ausführungsbestimmungen, einem Auszug aus den Gesetzes-Materialien und den Entscheidungen der Verwaltungsbehörden und des Reichsgerichts. Achte Auflage von **P. Loeck**, Regierungsrath. Geb. in ganz Leinen 3 M. 30 Pf.

19. Die **Seegesetzgebung** des Deutschen Reiches. Nebst den Entscheidungen des Reichsoberhandelsgerichts, des Reichsgerichts und der Seeämter. Von Dr. **W. E. Knitschky**, Landgerichtsrath. Zweite Auflage. 3 M. 80 Pf.

20. **Krankenversicherungsgesetz** in der Fassung der Novelle vom 10. April 1892. Von Dr. **E. von Woedtke,** Direktor im Reichsamt des Innern. Achte Auflage. Geb. in ganz Leinen. 2 M. 25 Pf.

21. **Die Konsulargesetzgebung** des Deutschen Reiches. Von Professor Dr. **Ph. Zorn.** Zweite Auflage im Druck.

22a. **Patentgesetz. Gesetz, betreffend den Schutz von Gebrauchsmustern. Gesetz, betreffend das Urheberrecht an Mustern und Modellen.** Nebst Ausführungsbestimmungen unter eingehender Berücksichtigung der Rechtsprechung des Reichsgerichts und der Praxis des Patentamts. Erläutert von Dr. **R. Stephan,** Geheimer Regierungsrath, Mitglied des Kaiserlichen Patentamts. Fünfte vermehrte Auflage. Geb. in ganz Leinen 2 M.

22b. **Gesetz zum Schutz der Waarenbezeichnungen.** Nebst Ausführungsbestimmungen. Von Dr. **R. Stephan,** Geheimer Regierungsrath, Mitglied des Kaiserlichen Patentamts. Vierte vermehrte Auflage. 1 M.

23. **Gewerbe-Unfallversicherungsgesetz** und Gesetz, betr. die Abänderung der Unfallversicherungsgesetze vom 30. Juni 1900 in der Fassung der Bekanntmachung vom 5. Juli 1900 nebst Ausführungsverordnungen. Von Dr. **E. v. Woedtke,** Direktor im Reichsamt des Innern. Siebente umgearbeitete Auflage. Geb. in ganz Leinen 2 M. 50 Pf.

24. **Aktiengesellschaft und Kommanditgesellschaften auf Aktien.** (Handelsgesetzbuch, II. Buch, Abschnitt 3 und 4.) Mit erläuternden Anmerkungen von **H. Keyssner,** Kammergerichtsrath und Dr. **H. Veit Simon,** Rechtsanwalt. Fünfte Auflage. Bearbeitet von Dr. **Hugo Keyssner** u. **L. Keyssner.** Geb. in ganz Leinen 2 M. 25 Pf.

25. Reichsgesetz wegen **Erhebung der Brausteuer** vom 31. Mai 1872 mit Ausführungsvorschriften. Von **E. Bertho,** Regierungsrath. 1885. 1 M. 60 Pf.

26. Die Reichsgesetzgebung über **Münz- und Notenbankwesen,** Papiergeld, Prämienpapiere und Reichsschulden. Von Dr. jur. **R. Koch,** Präsident des Reichsbankdirektoriums. Vierte Auflage. Geb. in ganz Leinen 3 M.

27. Die Gesetzgebung, betr. das **Gesundheitswesen** im Deutschen Reich für **Behörden, Aerzte** rc. Von Dr. jur. **C. Goesch** und Dr. med. **J. Karsten.** 1888. 1 M. 60 Pf.

28. **Bau-Unfallversicherungsgesetz.** Vom 30. Juni 1900 in der Fassung der Bekanntmachung vom 5. Juli 1900. Von **R. Chrzescinski,** Kaiserl. Regierungsrath a. D., ehemaligem ständigen Mitglied des Reichs-Versicherungsamts. Dritte Auflage. Geb. in ganz Leinen 2 M.

29. Reichsgesetz, betr. die **Erwerbs- und Wirthschaftsgenossenschaften.** In der vom 1. Januar 1900 ab geltenden Fassung. Von **L. Parisius** und Dr. **H. Crüger.** Achte Auflage. Geb. in ganz Leinen. 1 M. 50 Pf.

30. **Invalidenversicherungsgesetz** vom 13. Juli 1899, in der Fassung der Bekanntmachung vom 19 Juli 1899. Von Dr **E. v. Woedtke,** Director im Reichsamt des Innern. Achte erweiterte Auflage. Geb. in ganz Leinen 2 M. 50 Pf.

31. Reichsgesetz, betr. die **Gewerbegerichte.** Von **L. Mugdan.** Vierte Auflage Bearbeitet von **Cuno,** Stadtrath und stellvertretender Vorsitzender des Gewerbegerichts zu Königsberg i. Pr. 1 M. 80 Pf.

32. Reichsgesetz, betr die **Gesellschaften mit beschränkter Haftung.** In der vom 1. Januar 1900 ab geltenden Fassung. Von **L. Parisius** und Dr. **H. Crüger.** Fünfte Auflage 1 M.

33. **Das Vereins- und Versammlungsrecht** in Deutschland. Von Dr. **E. Ball,** Rechtsanwalt 2 M. 25 Pf

34. Reichsgesetz, betreffend die **Abzahlungsgeschäfte.** Vom 16. Mai 1894 Von **J. Hoffmann,** Oberverwaltungsgerichtsrath. Zweite vermehrte und verbesserte Auflage besorgt von Dr **E. Wilke,** Landgerichtsrath. Geb. in Leinen 1 M. 20 Pf.

35. **Die Reichs-Eisenbahngesetzgebung.** Von **W. Coermann,** Kaiserl. Amtsrichter. 1895. 2 M. 25 Pf.

36. Gesetze, betr. die **privatrechtlichen Verhältnisse der Binnenschiffahrt und der Flößerei.** Nach den Materialien erläutert von **H. Makower.** Unter Berücksichtigung der am 1. Januar 1900 in Kraft tretenden Reichsgesetze bearbeitet von **E. Löwe,** Landgerichtsrath. Zweite veränderte Auflage. 2 M.

37. **Gesetz zur Bekämpfung des unlauteren Wettbewerbes.** Vom 27. Mai 1896. Von Dr. **R. Stephan,** Regierungsrath. Zweite Auflage. 80 Pf.

38/39. **Bürgerliches Gesetzbuch nebst Einführungsgesetz.** In Verbindung mit Professor Dr. **André,** Geh. Justizrath **Greiff,** Amtsrichter **Ritgen,** Regierungsrath Dr. **Unzner,** herausgegeben von Reichsgerichtsrath Dr. **A. Achilles †,** f 3. Kommissar des Reichs-Justizamts. Dritte vermehrte und verbesserte Auflage. 8°. Geb. in ganz Leinen 6 M.

Dieser Band ist in größerem Format erschienen!

40. Gesetz, betr. die **Pflichten der Kaufleute bei Aufbewahrung fremder Werthpapiere (Depotgesetz).** Vom 5. Juli 1896. Mit Erläuterungen, Einleitung und Sachregister. Von **F. Lusensky,** Geh. Regierungsrath. 90 Pf.

41. **Börsengesetz.** Vom 22. Juni 1896. Nebst den dazu erlassenen Ausführungsbestimmungen. Unter Mitwirkung des Geh. Ober-Regierungsrathes **A. Wermuth** bearbeitet von **H. Brendel,** Gerichts-Assessor, Hülfsarbeiter im Reichsamt des Innern. 1 M. 50 Pf.

42. **Grundbuchordnung** für das Deutsche Reich nebst den preußischen Ausführungsbestimmungen. Mit Einleitung von Professor Dr. **O. Fischer.** Zweite Auflage. Geb. in ganz Leinen 1 M. 80 Pf.

43. Die Gesetzgebung, betr. die **Zwangsvollstreckung in das unbewegliche Vermögen** im Reiche und in Preußen. Text-Ausgabe mit Einleitung, Anmerkungen, Kosten- und Gebührentabellen und Sachregister. Von Dr. **J. Krech,** Kaiserl. Geh. Regierungsrath und Professor Dr. **O. Fischer.** Dritte Auflage. Geb. in ganz Leinen 2 M.

44. Das Reichsgesetz über das **Auswanderungswesen** vom 9. Juni 1897 nebst Ausführungsverordnungen und Anlagen. Nach den Materialien und unter Benutzung amtlicher Quellen erläutert von Professor Dr **Felix Stoerk.** 2 M. 25 Pf.

45. **Das Entmündigungsrecht** unter Berücksichtigung der für Preußen geltenden Vorschriften nebst der preußischen Justiz-Ministerial-Verfügung vom 28. November 1899. Text der civil- und prozeßrechtlichen Bestimmungen mit Erläuterungen von Landgerichtsrath Dr. **P. Koll** in Cöln. Geb. in ganz Leinen 1 M. 50 Pf.

46. Die Gesetze des Reiches und Preußens über die **freiwillige Gerichtsbarkeit.** Mit Einleitung von **Herm. Jastrow,** Amtsgerichtsrath. Zweite, erweiterte Auflage. Geb. in ganz Leinen 2 M. 80 Pf.

47. Das **deutsche Vormundschaftsrecht** und das preuß. Gesetz über die Fürsorgeerziehung Minderjähriger vom 2. Juli 1900 nebst den dazu gehörigen preußischen Nebengesetzen und allgemeinen Verfügungen. Mit Einleitung und Erläuterungen von **Max Schultzenstein,** Oberverwaltungsgerichtsrath und Amtsgerichtsrath Dr. **Paul Köhne.** Zweite Auflage. Geb. in ganz Leinen 3 M.

48. Gesetze und Verordnungen, betreffend den **Drogen-, Gift- und Farbenhandel** außerhalb der Apotheken, unter besonderer Berücksichtigung des Königreichs Preußen. Von Dr. **Broh,** Rechtsanwalt. 1 M. 25 Pf.

49. Deutsche **Kolonialgesetzgebung.** Von Prof. Dr. **Philipp Zorn.** Geb. in ganz Leinen 4 M. 50 Pf.

50. Der **Viehkauf** (Viehgewährschaft) nach dem Bürgerlichen Gesetzbuche. Mit Erläuterungen von Dr. **Hans Stölzle,** Rechtsanwalt in Kempten. Nebst Verordnung, betr. die Hauptmängel und Gewährsfristen beim Viehhandel. Erläutert von **Heinrich Weiskopf,** Königl. Kreisthierarzt in Augsburg. Zweite Auflage. Geb. in ganz Leinen 2 M.

51. **Hypothekenbankgesetz** vom 13. Juli 1899. Von Dr. **H. Göppert**, Gerichts-Assessor. Geb. in ganz Leinen 1 M. 80 Pf.

52. Gesetz, betreffend die gemeinsamen **Rechte der Besitzer von Schuldverschreibungen.** Vom 4 Dezember 1899. Von Dr. **Heinrich Göppert,** Gerichts-Assessor. Geb. in ganz Leinen 2 M.

53. **Reichspreßgesetz** vom 7. Mai 1874 nebst den einschlägigen Bestimmungen des Strafgesetzbuchs, der Gewerbeordnung 2c. Kommentar von **A. Born,** Polizeiassessor. Geb. in ganz Leinen 1 M. 50 Pf.

54. Die Reichsgesetzgebung über den Verkehr mit **Nahrungsmitteln, Genußmitteln** und **Gebrauchsgegenständen.** Von Dr. **Georg Lebbin,** Nahrungsmittelchemiker. Geb. in ganz Leinen 2 M. 25 Pf.

55. Das Recht der **Beschlagnahme von Lohn- und Gehaltsforderungen.** Auf Grundlage der Reichsgesetze vom 21. Juni 1869 u. 29. März 1897 und der Civilprozeßordnung. Von Rechtsanwalt **Georg Meyer.** Geb. in ganz Leinen 1 M. 50 Pf.

56. Gesetz, betr. die **Bekämpfung gemeingefährlicher Krankheiten.** Vom 30. Juni 1900. Nebst Ausführungsbestimmungen. Von Dr. **Bruno Burkhardt,** Regierungsrath, Mitglied des Kais. Gesundheitsamts. Geb. in ganz Leinen 1 M. 40 Pf.

57. **See-Unfallversicherungsgesetz** vom 30. Juni 1900 in der Bekanntmachung des Reichskanzlers vom 5. Juli 1900. Von **Dr. Max Mittelstein,** Oberlandesgerichtsrath in Hamburg. Geb. in ganz Leinen 2 M.

58. **Das Recht der unehelichen Kinder.** Text-Ausgabe aller einschlägigen Bestimmungen des Bürgerlichen Gesetzbuches von **Hermann Jastrow,** Amtsgerichtsrath zu Berlin. Geb. in ganz Leinen 1 M. 80 Pf.

59. Das Reichsgesetz über die **Beurkundung des Personenstandes und die Eheschließung** in der vom 1. Januar 1900 ab geltenden Fassung. Von Dr. **F. Fidler,** Amtsgerichtsrath. Geb. in ganz Leinen. 1 M. 80 Pf.

60. Das Reichsgesetz, betreffend das **Urheberrecht an Werken der Literatur und der Tonkunst.** Von Dr. **O. Lindemann,** Gerichtsassessor. Geb. in ganz Leinen. ca. 1 M. 50 Pf.

61. Das Reichsgesetz über das **Verlagsrecht.** Von **Ernst Heinitz,** Rechtsanwalt. Geb. in ganz Leinen. ca. 1 M. 50 Pf.

62. Gesetz über die **privaten Versicherungsunternehmungen.** Vom 12. Mai 1891. Von **H. Könige,** Oberlandesgerichtsrath in Karlsruhe. Geb. in Leinen ca. 1 M. 50 Pf.

In Vorbereitung befinden sich:

Die privatlichen Bestimmungen des Vereinsrechts. Von **Rud. Hahn,** Rechtsanwalt.

Das Reichs-Haftpflichtgesetz. Von Dr. **G. Eger,** Regierungsrath.

Guttentag'sche Sammlung

Preußischer Gesetze.

Text-Ausgaben mit Anmerkungen. Taschenformat.

1. Die **Verfassungs-Urkunde** für den Preußischen Staat. Mit Einleitung, vollständigem Kommentar und Anlagen von Prof. Dr. **Adolf Arndt.** Vierte, gänzlich umgearbeitete und verbesserte Auflage. Geb. in ganz Leinen 2 M. 50 Pf.

2. Preußische **Beamten-Gesetzgebung.** Enthaltend die wichtigsten Beamtengesetze in Preußen. Von **C. Pfafferoth.** Dritte Auflage. 1 M. 50 Pf.

3. Die Preuß. Gesetzgebung, betr. die **Zwangsvollstreckung in das unbewegliche Vermögen.** Von Dr. **J. Krech,** Kais. Geh. Regierungs-Rath und Prof. Dr. **O. Fischer.** Dritte Auflage. Vergriffen.

   Siehe: Reichsgesetze Nr. 43.

4. **Gebührenordnung** für **Notare** vom 25. Juni 1895 in der Fassung der Bekanntmachung vom 6. Oktober 1899 nebst den einschlägigen Vorschriften des Preußischen Gerichtskostengesetzes. Von **R. Sydow,** Direktor im Reichs-Postamt. Zweite Auflage bearbeitet von Dr. **E. Mosler,** Gerichtsassessor. Geb. in ganz Leinen. 1 M. 50 Pf.

5. Gesetz **vom 24. April 1854 (betr. die außereheliche Schwängerung)** und die daneben geltenden Bestimmungen des Allgemeinen Landrechts nebst

den dazu ergangenen Präjudikaten. Von Dr. **Schulze.** 75 Pf. Seit dem 1. Januar 1900 gültiges Recht siehe Reichsgesetze: Nr. 58.

6. Die Preuß. **Ausführungsgesetze und Verordnungen zu den Reichs-Justizgesetzen.** Von **R. Sydow.** Dritte vermehrte Auflage. 1895. 2 M. 40 Pf. Siehe Seite 8.

7. **Allg. Gerichtsordnung** vom 6. Juli 1793 und Preuß. **Konkursordnung** vom 8. Mai 1885. Von **F. Vierhaus,** Geh. Ober-Justizrath. Vergriffen.

8. **Vormundschaftsordnung** vom 5. Juli 1875, **nebst allen Nebengesetzen und** den dazu erlassenen Allgemeinen Verfügungen. Von Oberverwaltungsgerichtsrath **Schultzenstein.** Dritte Auflage. 1 M. 50 Pf. Seit dem 1. Januar 1900 gültiges Recht siehe: Reichsgesetze Nr. 47.

9. Die Preußische **Grundbuchgesetzgebung.** Mit Einleitung, Formularen, Kosten- und Stempeltabellen. Von Prof. Dr. **Fischer.** Dritte Auflage. Vergriffen. Siehe: Reichsgesetze Nr. 42.

10. **Einkommensteuergesetz.** Vom 24. Juni 1891. Von Geheimrath **Meitzen.** Vierte vermehrte Auflage von **A. Fernow,** Ober-Regierungsrath. 1 M. 50 Pf.

11. **Gewerbesteuergesetz.** Vom 24. Juni 1891. Von **A. Fernow,** Ober-Regierungsrath. Dritte vermehrte Auflage. 1 M. 25 Pf.

12. **Allgemeines Berggesetz** für die preußischen Staaten. Vom 24. Juni 1865, und die auf dasselbe bezüglichen Gesetze und Verordnungen. Von **E. Engels,** Ober-Bergrath. Dritte Auflage In Vorbereitung.

13. **Ergänzungssteuergesetz** (Vermögenssteuergesetz). Vom 14. Juli 1893 Von **A. Fernow,** Ober-Regierungsrath. Zweite vermehrte Auflage. 1 M.

14. **Kommunalabgabengesetz.** Vom 14. Juli 1893 und Gesetz wegen Aufhebung direkter Staatssteuern. Vom 14. Juli 1893. Von **F. Adickes,** Oberbürgermeister. Zweite Auflage. 1 M. 25 Pf.

15. Die **Kreisordnungen** für den Preußischen Staat. Von **O. Kolisch,** Landgerichtsrath. 1894. 4 M.

16. **Concessionirung gewerblicher Anlagen.** Preuß. Ausführungs-Anweisung zu §§. 16 u ff. der Reichs-Gewerbe-Ordnung. Von Dr. **W. von Rüdiger,** Geh. Regierungs- u. Gewerberath. Zweite Auflage. Geb. in ganz Leinen 2 M.

17. Preußisches **Gerichtskostengesetz.** Vom 25. Juni 1895. In der Fassung der Bekanntmachung vom 6. Oktober 1899. Mit Kostentabellen. Von Dr. **P. Siméon,** Landrichter Dritte Auflage. Geb. in ganz Leinen 1 M. 80 Pf.

18. **Preußisches Stempelsteuergesetz** vom 31. Juli 1895. Mit den gesammten Ausführungsbestimmungen und vollständigen Tabellen. Von **P. Loeck,** Regierungsrath. Fünfte Auflage. Geb. in ganz Leinen 5 M.

Dieser Band ist in größerem Format erschienen.

19. **Das Jagdscheingesetz** vom 31. Juli 1895. Mit ausführlichen Erläuterungen nebst der Ausführungsverfügung vom 2. August 1898 und den Gesetzgebungsmaterialien. Von **F. Kunze,** Wirklichem Geh. Ober-Regierungsrath. Zweite Auflage. Geb. in ganz Leinen 2 M.

20. Gesetz, betr. die **Erbschaftssteuer.** Vom 19./24. Mai 1891 unter Berücksichtigung der Novelle vom 31. Juli 1895. Mit ausführlichen Erläuterungen von **P. Loeck,** Regierungsassessor. 1 M. 80 Pf.

21. Gesetz über die **Handelskammern.** Vom 19. August 1897. Mit Erläuterungen, geschichtlicher Einleitung sowie einer Uebersicht des Bestandes der kaufmännischen Vertretungen. Von **F. Lusensky,** Geh. Regierungsrath und vortragender Rath im Ministerium für Handel und Gewerbe 3 M.

22. Gesetz, betr. **Anstellung und Versorgung der Kommunalbeamten.** Vom 30. Juli 1899. Mit einem Anhang, enthaltend die preußische Ausführungsanweisung. Von Dr. **W. Ledermann,** Magistratsassessor zu Berlin. 1 M. 25 Pf.

23. **Ausführungsgesetz zum Bürgerlichen Gesetzbuche** vom 20. September 1899. Von Landrichter Dr. **P. Siméon.** Geb. in ganz Leinen 1 M. 60 Pf.

24. Die **Hinterlegungsordnung** vom 14. März 1879 in der Fassung des Preußischen Ausführungsgesetzes zum Bürgerlichen Gesetzbuche vom 20. September 1899 nebst Ausführungsbestimmungen. Unter Benutzung der amtlichen Erlasse und Entscheidungen des Finanzministers. Von Regierungsassessor Dr. **Georg Bartels.** Geb. in ganz Leinen 1 M. 50 Pf.

25. **Preußische Kommunalbeamtengesetzgebung.** Von Magistratsassessor Dr. jur. **Kremski.** Geb. in ganz Leinen 3 M.

26. Die **Preußischen Gesetze** über das **Diensteinkommen der Lehrer und Lehrerinnen, ihren Ruhegehalt und die Fürsorge für ihre Hinterbliebenen** nebst den zugehörigen Ausführungsbestimmungen, sowie einer Tabelle zur Berechnung der Ruhegehalts-, Wittwen- und Waisenbezüge. Von Dr. **Ed. Cremer,** Beigeordneter. Geb. in ganz Leinen 2 M. 40 Pf.

27. Gesetz, betreffend die **Waarenhaussteuer.** Vom 18. Juli 1900. Von Geh. Ober-Finanzrath Dr. **G. Strutz.** Geb. in ganz Leinen 1 M. 20 Pf.

28. Gesetz über die **Fürsorgeerziehung Minderjähriger.** Vom 2. Juli 1900. Nebst Ausführungsanweisungen. Von Landgerichtsrath Dr. **F. P. Aschrott.** Geb. in ganz Leinen ca. 2 M.

Guttentag'sche Sammlung von Text-Ausgaben mit Sachregister ohne Anmerkungen.

Taschenformat, elegant in Leinen gebunden.

Reichs-Justizgesetze:

Gerichtsverfassungsgesetz. Civilprozeßordnung. Konkursordnung. Strafprozeßordnung.

Zweite Auflage.

In einem Bande gebunden 3 M. 80 Pf.

Civilprozeßordnung mit Gerichtsverfassungsgesetz und **Einführungsgesetzen.** In der Fassung der auf Grund des Gesetzes vom 17. Mai 1898 erfolgten Bekanntmachung vom 20. Mai 1898. 2 M.

Konkursordnung mit **Einführungsgesetz.** In der Fassung der Bekanntmachung v. 20. Mai 1898. 80 Pf.

Strafprozeßordnung für das Deutsche Reich nebst **Einführungsgesetz.** 1 M. 20 Pf.

Bürgerliches Gesetzbuch nebst Einführungsgesetz. Vom 18. August 1896. Nebst ausführlichem Wort- und Sachregister bearbeitet von Oberamtsrichter **Jatzow.** Zehnter Abdruck. 2 M. 50 Pf.

Handelsgesetzbuch nebst **Einführungsgesetz.** Vom 10. Mai 1897. Sechster Abdruck. 1 M. 80 Pf.

Gesetz, betr. die **Abänderung der Gewerbeordnung** (Neues Handwerkergesetz). Vom 26. Juli 1897. 90 Pf.

Guttentag'sche Sammlung von Text-Ausgaben mit Sachregister ohne Anmerkungen.

Gewerbeordnung für das Deutsche Reich. In der Fassung der Bekanntmachung vom 26. Juli 1900. (Reichs-Gesetzblatt Nr. 47, ausgegeben am 15. Oktober 1900.) Zweite Auflage. 1 M. 20 Pf.

Militär-Strafgesetzbuch für das Deutsche Reich mit Verweisungen und Abdruck der entsprechenden Bestimmungen des Reichs-Strafgesetzbuchs. 1 M.

Militärstrafgerichtsordnung für das Deutsche Reich, nebst **Einführungsgesetz** und **Gesetz**, betr. die Dienstvergehen der richterlichen Militärjustizbeamten und die unfreiwillige Versetzung derselben in eine andere Stelle oder in den Ruhestand. Vom 1. Dezember 1898. **Militär-Strafgesetzbuch** mit Verweisungen und Abdruck der entsprechenden Bestimmungen des Reichs-Strafgesetzbuchs. Zweite Auflage. 1 M. 50 Pf.

Die Preußischen Ausführungsgesetze zum Bürgerlichen Gesetzbuche, zum Gesetz, betr. Aenderung der Civilprozeßordnung vom 17. Mai 1898, zum Gesetz über die Zwangsversteigerung und die Zwangsverwaltung, zur Grundbuchordnung und zum Handelsgesetzbuch. Preuß. Gesetz über die freiwillige Gerichtsbarkeit und Gesetz, enthaltend die landesgesetzlichen Vorschriften über die Gebühren der Rechtsanwälte und der Gerichtsvollzieher. Fünfte Auflage. 1 M. 80 Pf.

Reichsstempelgesetz (Börsensteuergesetz) in der Fassung der Bekanntmachung vom 14. Juni 1900. Mit Ausführungsbestimmungen, einem Anhang, enthaltend Tabellen zur Berechnung der Reichsstempelabgaben und Sachregister. 1 M. 50 Pf.

Bürgerliches Gesetzbuch

nebst

Einführungsgesetz.

Für **Preußen** zusammengestellt unter Einfügung der sämmtlichen preußischen Ausführungsbestimmungen.

Text-Ausgabe mit ausführlichem Sachregister bearbeitet von

Dr. Paul Winter,
Landrichter.

8°. Geb. in ganz Leinen Preis 5 M.

Die Preußischen Ausführungsgesetze

zum

Bürgerlichen Gesetzbuche und den anderen Reichs-Justizgesetzen

nebst den zugehörigen

Verordnungen, Ministerialerlassen und Geschäftsordnungen.

Text-Ausgabe mit ausführlichem Sachregister nach Materien geordnet unter Anleitung von

L. Busch,
Kammergerichtsrath.

8°. Geb. in ganz Leinen Preis 7 M. 50 Pf.

Adickes, F., Oberbürgermeister in Frankfurt a. M. Das Kommunalabgabengesetz vom 14. Juli 1893. Für den praktischen Gebrauch mit einer geschichtlichen Einleitung und Erläuterungen versehen, sowie mit einem die Ausführungsanweisung berücksichtigenden Nachtrag. 8°. Kartonnirt 6 M.

Arndt, Dr. Adolf, Geheimer Justizrath, Professor. Verfassung des Deutschen Reichs. Mit Einleitung und Kommentar. 8°. Kartonnirt 3 M.

Friedrichs, K., Oberverwaltungsgerichtsrath. Das Gesetz betreffend die Anlegung und Veränderung von Straßen und Plätzen in Städten und ländlichen Ortschaften vom 2. Juli 1875. Nach dem Tode des Verfassers in fünfter Auflage bearbeitet von Dr. jur. **Hugo v. Strauß und Torney,** Oberverwaltungsgerichtsrath. 8°. Geb. Im Druck.

Hauß, C., Geh. Ober-Reg.-Rath. Das Gesetz zur Bekämpfung des unlauteren Wettbewerbes. Vom 27. Mai 1896. Für die gerichtliche und gewerbliche Praxis erläutert. 8°. Geb. in Leinen 3 M.

Holtgreven, Dr. A., Geh. Ober-Justizrath und vortragender Rath im Justizministerium. Das Wildschadengesetz vom 11. Juli 1891. Kommentar. Dritte Auflage. 8°. Kartonnirt 3 M.

Jerusalem, Herm., Landgerichtsrath, Mitglied des Hauses der Abgeordneten. Das Gesetz über Kleinbahnen und Privatanschlußbahnen vom 28. Juli 1892 nebst der Ausführungsanweisung zu diesem Gesetze vom 22. August 1892. gr. 8°. 2 M.

Kamptz, W. v., Verwaltungsgerichtsdirektor. Das Gesetz, betreffend die Vertheilung der öffentlichen Lasten bei Grundstückstheilungen und die Gründung neuer Ansiedelungen in den Provinzen Preußen, Brandenburg, Pommern, Posen, Schlesien, Sachsen und Westfalen vom 25. August 1876. 8°. Kartonnirt 2 M. 50 Pf.

Koch, Georg, Hauptmann a. D. Gesetz, betreffend die Prüfung der Läufe und Verschlüsse der Handfeuerwaffen vom 19. Mai 1891 nebst den Ausführungsbestimmungen des Bundesrathes vom 22. Juni 1892. 8°. Kartonnirt 1 M. 50 Pf.

Könige, H., Landgerichtsrath, Vorsitzender der Kammer I für Handelssachen am Landgericht Mannheim. Handelsgesetzbuch vom 10. Mai 1897 nebst Abdruck des Gesetzes über die Angelegenheiten der freiwilligen Gerichtsbarkeit und Gerichtsverfassungsgesetz (Titel 7, Kammern für Handelssachen). Verglichen mit dem Allgemeinen Deutschen Handelsgesetzbuch, dem Bürgerlichen Gesetzbuch und der Rechtsprechung des Reichsgerichts und Reichs-Oberhandelsgerichts. Zu praktischem Gebrauch dargestellt. 8°. Geb. in ganz Leinen 4 M. 50 Pf.

Laß, Dr. L., Kaiserl. Regierungsrath, Strafrecht der Berufsgenossenschaften nach den Unfallversicherungsgesetzen vom 30. Juni 1900. Unter Benutzung amtlichen Materials zum praktischen Gebrauche dargestellt. Geb. in Leinen 3 M.

Laurisch, G., Königl. Gewerbeinspektor, Gewerberecht und Arbeiterschutz. Führer für Arbeitgeber und Arbeiter durch die Gewerbe- und Arbeiterschutz-Gesetze. Kartonnirt 1 M. 80 Pf.

Nußbaum, Dr. A., Die freiwillige Gerichtsbarkeit im Reiche und in Preußen. Ein Leitfaden. 8°. Geb. in ganz Leinen 4 M.

Das vorliegende Buch bietet eine systematische Darstellung der freiwilligen Gerichtsbarkeit. ..... Dem Verfasser ist die Aufgabe, die er sich gestellt hat, vorzüglich gelungen, und das Buch ist nicht nur für Preußen, sondern in seinem größten Teile auch für die übrigen Bundesstaaten verwendbar....... Überall steht die Darstellung auf vollster wissenschaftlicher Höhe; meist ist sie mit sehr gründlichen historischen Bemerkungen eingeleitet. Durchweg ist sie klar und von reicher Kenntnis des behandelten Gegenstandes und der Literatur getragen..... Das Buch kann namentlich für das Studium der jüngeren Juristen auf das Wärmste empfohlen werden.

Amtsgerichtsrat Jastrow
in der „Zeitschrift für deutschen Civilprozeß". 1901.

Ottermann, Carl, Stadtrath in Dortmund. Das Fluchtliniengesetz vom 2. Juli 1875. Erläuternde Abhandlung. 8°. 1 M. 25 Pf.

Stephan, Dr. R., Geh. Regierungsrath u. Mitglied des Kais. Patentamts. Gesetz, betreffend die Patentanwälte. Vom 21 Mai 1900. Nebst Ausführungsverordnungen. 8°. Geb. in ganz Leinen 1 M. 50 Pf.

Telegraphenwege-Gesetz vom 18. Dezember 1899 nebst den vom Reichskanzler erlassenen Ausführungsbestimmungen vom 26. Januar 1900 und den Erläuterungen und Ausführungsanweisungen des Reichs-Postamts. Amtliche Ausgabe. 8°. Geb. in ganz Leinen 1 M.

Wittenberg, Dr. M., Dozent an der Humboldt-Akademie. Wegweiser durch das Aktienrecht, nach dem Wortlaut der seit dem 1. Januar 1900 gültigen Reichsgesetze. Taschenformat. Geb. in ganz Leinen 1 M.

Schlagwort-Register.

R. = Nummer der Sammlung Deutscher **Reichs**gesetze.
P. = Nummer der Sammlung **Preußischer** Gesetze.
S. = Seite.

FSC
www.fsc.org
MIX
Papier | Fördert
gute Waldnutzung
FSC® C083411

Kolibri 360 GmbH
Ferdinand-Jühlke-Straße 7
99095 Erfurt, Deutschland
produktsicherheit@kolibri360.de